貓熊老師的

心理學

圖鑑

Pawpaw Poroduction 著
卓惠娟 譯

前　言

本書是一冊彙整心理學用詞及效果的圖鑑。適合對於心理學產生「究竟什麼是心理學」的初學者作為入門的第一本書，另外，也推薦給正在研究心理學的人作為歸納整理。

重要項目部分，我將介紹引以為據的心理學實驗及研究，並盡可能針對「為什麼會這樣」加以解說，同時還會說明「心理學效應強弱」，以及「是否具有因人而異的強弱效果」，因此，應該能從本書獲得其他書籍所沒有的更進一步知識。

希望《貓熊老師的心理學圖鑑》能成為不論初學者或進階者都運用自如的一本必備書籍。

那麼，我就先針對初學者簡單說明一下「心理學」是什麼？當我們看了令人感動的戲劇或電影而流淚，因為被人稱讚感到喜悅、因為被人說了什麼不愉快的話而傷心或憤怒，這都是心理產生變化所致。心理學可以說是觀察人類心理活動、行為，探究行為背後的原因、理由，進行科學的研究。

比方說，多數人看到某個特定的事物都會產生同樣的情緒，了解這樣的傾向，運用在自身的生活或與他人相處的方法上，就是心理學的一大目的。

本書透過漢波德企鵝「小波」，和精通心理學的貓熊老師擔任領航員，事不宜遲，我們這就邁開腳步，踏向有趣的心理學世界吧！

Pawpaw Poroductio

本書的領航員——貓熊老師和小波的相遇

①
在南美沿岸
②
有隻名叫小波的
漢波德企鵝。
③
小波不想變成長大後的
漢波德企鵝。
名字
遜斃了。
長得
又難看。
④
小波把他的想法
告訴他父親。
我長大想變成又酷
又人見人愛的企鵝。
⑤
嗯……這樣啊，
那麼，
要不要去日本看看呢？
⑥
那裡有位運用心理學
而大受歡迎的貓熊老師。
⑦
心理學？
⑧
你要不要到日本，
請貓熊老師
教你心理學呢？
⑨
小波煩惱了
好幾天……
在日本學
心理學……

⑩
我來去唸書嘍！
小波決定前往日本……
保重喔！
⑪
經過一天又一天在大海上的旅程，
⑫
小波終於來到日本。
ZOO
就是那裡吧？
⑬
小波等到天黑後，從後門進去貓熊的獸欄。
⑭
但是，那裡是獅子的獸欄……
誰讓你站在我背後的！
哇！
⑮
啊！嚇死我了！
⑯
貓熊
在這裡！就是這裡！
⑰
貓……貓熊老師。
⑱
你誰啊？
我叫小波，這是我父親要我交給您的信。

⑲
小波把信交給貓熊，述說來到這裡的經過。
嗯。原來如此。
如此這般
⑳
我欠小波的爺爺一份人情，好，我就來指點你吧！
㉑
小波第一眼看到我的印象是什麼？
㉒
嗯，這個嘛，我覺得老師體型很大，白白的又胖胖的，還有，為什麼眼睛四周黑黑的呢？
㉓
這個第一印象就稱為「初始效應」，是一種非常重要的心理效應。
㉔
還有，從獅子背後接近牠時，不太好對吧？
怒氣沖沖…
小心「個人空間」
㉕
而且，你的「認同需求」似乎很強烈。
你好棒！你好棒！
㉖
貓……貓熊老師好厲害！心理學好像真的很有趣。
㉗
那麼，我就先從這三項開始說明吧！
・初始效應
・個人空間
・認同需求
好的。

序章

初始效應

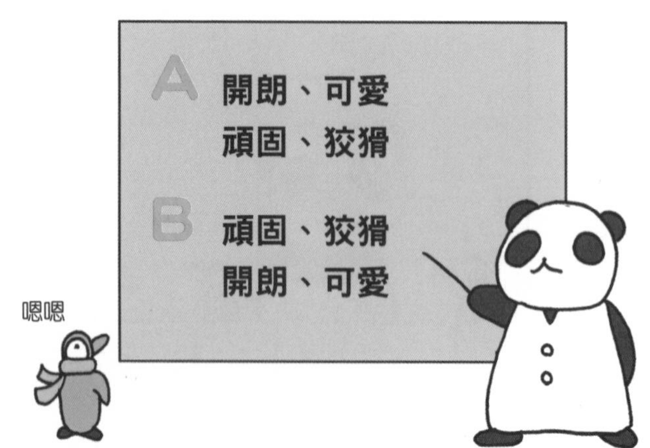
A 開朗、可愛
頑固、狡猾
B 頑固、狡猾
開朗、可愛
嗯嗯

大
心理效應

小
個人差距

人們會強烈受到最初所看到的事物影響，當時感受到的印象會長時間持續的一種心理，這就稱為**初始效應**。以上圖中描述貓熊的一連串形容詞為例，是不是會直覺地認為A比較好？但其實A和B使用了一模一樣的形容詞，只是變動順序而已。因為A先說出善意的用詞，由於初始效應的影響，能帶來**整體良好的印象**。

初始效應產生強烈
的影響呢！
小波初次見到我所產生的
好印象一直持續著。

初始效應在許多心理效應中具有強烈效果，能**下意識對判斷標準產生影響**。在商業界受到廣泛運用，在設計、廣告標語（文案）、照片、影像等時，以「最初會給顧客什麼樣的印象」等觀點進行研究。

介紹某個人時，先陳述正向的用詞能給人更好的印象。

嫉妒心強
頑固
印象
扣分
知性
勤奮
印象
加分

實驗

出生於波蘭的心理學家所羅門・阿希，以學生為對象進行了實驗。在介紹某個人時，比起**「知性→勤奮→衝動→批判性→頑固→嫉妒心強」**的介紹，**「嫉妒心強→頑固→批判性→衝動→勤奮→知性」**的介紹留下的印象較差。即使說出的內容相同，最初的印象常會決定整體的印象。而後再得到的資訊，則依個人詮釋，較難轉變印象。

貓熊老師運用的心理學祕技

第一印象很重要
尤其必須重視外表

髮型
服裝
臉部四周

言談內容是其次，
比外表給人的印象弱。

對於初次碰面的人，所持的**「第一印象」**也是初始效應。因為最初的印象容易留在腦海，形成對那個人的觀點，為了給對方良好印象，臉部四周、服裝、髮型等「外觀」就要特別注意喲。尤其是會帶給人潔淨印象的**「清潔感」**更為重要。其實我的肚子、背部的白色部分，看起來相形之下有點髒髒的，所以我才看準初始效應，刻意讓小孩子注意我爽朗、可愛的白色臉蛋。

相關效應

→ 時近效應（P64）
→ 峰終定律（P120）
→ 錨定效應（P168）
→ 得失效應（P53）

（小波的發現）
雖然不了解貓熊老師
是否真的爽朗，
但我已經明白第一印象
真的很重要。

認同需求

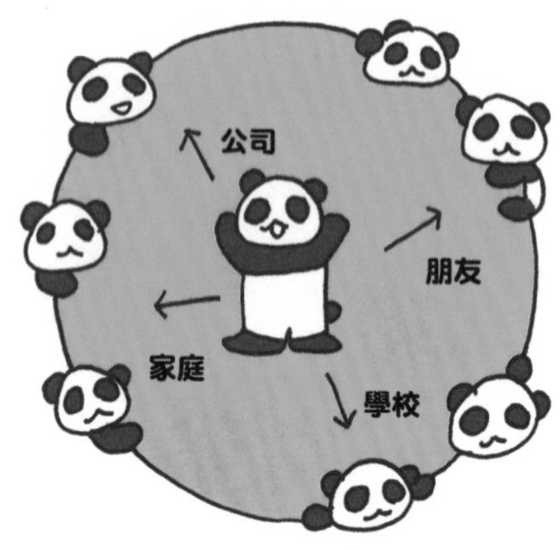
公司
朋友
家庭
學校

大
心理效應

大
個人差距

人類都有希望屬於某個群體的欲望，總是在社會中尋找自己歸屬的場所。歸屬於社會對自己而言，不僅是因為有利益，一般認為來自更原始的需求。所謂**認同需求**是指希望在社會中獲得他人的認同。近年來認同需求有增加的傾向，**「希望被認同」的人逐漸增加當中**。

喜歡公開照片的人，多數都是希望得到旁人的認同。

啪嚓

這種情況變本加厲時，就有點危險了。

嘿嘿嘿……

透過社群網站炫耀自己的生活，或是強調某些事情（獨特或不幸等），企圖獲得他人的認同。不過，由於受到認同會變得開心，必須小心**行為變本加厲**，造成他人困擾，甚至不惜說謊。

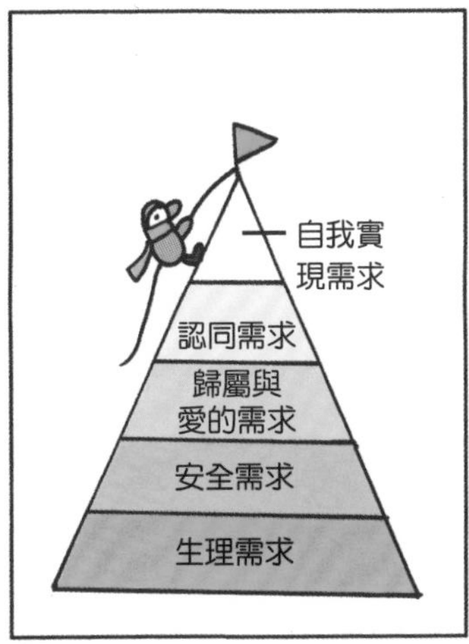
自我實現需求
認同需求
歸屬與愛的需求
安全需求
生理需求

理論

美國心理學家馬斯洛把人類基本需求分為**五個層次**，他認為人們總是追求更高一個層次的需求而成長。

從最下層的需求往上，分別是為了生存的「生理需求」、為了追求安全與穩定的「安全需求」、為了尋求同伴或群體的「歸屬與愛的需求」、希望獲得他人認同的「認同需求」，以及最高一層期望磨鍊自我才能及能力的「自我實現需求」。**這五層需求越往下層越強烈**。

貓熊老師運用的心理學祕技

不要太過在意他人的眼光

即使微不足道的小事，也要反覆地自我讚美。

我非常努力呢！

長大想變成酷企鵝的小波，應該認同需求也很強烈。認同需求過高的人，其實很吃虧。因為想要在他人面前表現出好的一面，所以不由得會下意識編造謊言，言詞浮誇。當這些情況變本加厲時，可能會貶抑他人的價值而說他人壞話，因而眾叛親離。想要擺脫這種情況，唯有**自己給予自己認同**。即使是芝麻小事，也要每一次讚美自己「我真是努力」。其次則是**讚美別人**。因為不會讚美別人的人，也無法獲得他人的讚美。雖然很多人沒發現，卻是非常重要的一件事。

相關效應

→ 穿著效應（P33）→ 親和欲求（P37）
→ 角色效應（P60）→ 自我肯定欲求（P153）

（小波的發現）
原來如此！
因為無法自己認同自己，所以才會渴望別人認同。

個人空間

悄悄

中
心理效應

大
個人差距

待在塞滿人的電梯或通勤時間的電車裡時，你是不是會覺得喘不過氣來？這就是因為**個人空間**受影響，就如同在自己周遭拉起「警戒線」般，而別人侵入這個警戒線。他人侵入會感到不舒服的範圍大約是1公尺左右，前後則為0.5～1.5公尺。**男性前後範圍較寬呈橢圓形，女性則是以自己為核心的圓形占多數**，並根據對象（陌生人、熟人、朋友、家人、情侶）或目的（交談、交易）而使得範圍有所調整。

男性前後較寬，
整體而言範圍較大。
有些人格外討厭
有人在自己背後。

女性的範圍多半偏向圓形。
雖然比男性範圍小，
但若是不喜歡的對象靠近，
範圍會變得很大。

搭電車時自然而然地選擇兩邊角落的座位，也是因為角落的個人空間只有一側會遭到侵入，**較不易受他人影響，也不易影響他人**。人們厭惡受他人影響，或帶給他人影響的傾向相當強烈。

停下來！

實驗

美國的精神科醫師辛載（Kinzel）曾經針對監獄裡的犯人，測試暴徒囚犯及非暴徒囚犯的個人空間差異。實驗時靠近犯人，計算出他們在什麼時候會要求「停下來！」（嚴格來說並不算是個人空間）。實驗結果發現，**暴徒囚犯大約是9公尺，而非暴徒囚犯則是2.1公尺**。雖然這個實驗中的非暴徒囚犯前方的個人空間仍比一般人更寬，但可以因此明瞭暴徒囚犯後方的個人空間範圍更大。

貓熊老師運用的心理學祕技

長時間待在對方的個人空間時，

對方就容易對你產生好感。

誰都不喜歡討厭的人侵入自己的個人空間。但是，**對於長時間進入個人空間的對象會產生好感**，卻是一項心理學祕技。所以，若是希望與某個人更友好，不妨製造可以順理成章接近的空間。比方說用餐時選擇吧檯座而不是桌子席位。另外，像獅子這樣的攻擊型對象，則要注意他們背後的個人空間較寬。

相關效應

→ 接近要因（P136）
→ 視線接觸的電梯現象（P42）

（小波的發現）
絕對不要從背後靠近有攻擊性的對象。
太可怕了！

心理學的種類

明白「三種效應」後，
接下來說明心理學有哪些種類吧！

心理學研究的對象範圍廣泛，涉及形形色色的領域。人類的情感或行為背後都有其因素，具有同一思考傾向及法則，而心理學則是針對這些進行科學研究，加以運用使生活更加多姿多采。

心理學可以大致分為**基礎心理學**及**應用心理學**。

接著，在具體說明各個心理效應以前，我先說明一下心理學的架構吧！

基礎
應用

基礎心理學

透過實驗、觀察，研究心理學的基礎。並不是指入門的心理學，而是應用研究基礎的基本原理。

有點煩躁
你~早~哇

●社會心理學

以科學方法進行研究，群體或個人在社會中採取什麼樣的行為。研究個人隸屬於群體後會有什麼樣的變化？人們對什麼樣的人會體貼關懷？為什麼會有攻擊他人或責備他人等心理傾向。

●認知心理學

研究人類的感知、記憶、理解、思考等認知功能，事物透過眼睛、耳朵等感官，腦袋如何掌握這些資訊並加以理解，調查在什麼樣的條件下，會產生扭曲的理解。

貓熊
ㄇㄠ
ㄒㄩㄥ

●發展心理學

研究嬰兒隨著年齡增長，成長為小孩、青年、大人、老人過程中的心理。發展心理學又分類成嬰幼兒心理學、兒童心理學、青年心理學等。我們會覺得小嬰兒可愛也有其因素，這些心理可運用於育兒及教育現場。

●生理心理學

研究行為的心理機能與生理機能間的應對關係，當發生意外，造成腦部損害，行為會產生什麼樣的變化？或是像巴夫洛夫的條件反射等反射研究等。被視作神經科學研究領域的一部分。

其他還有異常心理學、學習心理學、言語心理學等。

心理學的種類

應用心理學

運用從基礎心理學獲知的原理，除了有助於解決實際問題，運用範圍也很廣泛。

●性格心理學

分析人類性格的心理學，處理性格形成的過程中，及有關性格發展的各式各樣心理。分析研究性格形成的主要因素、代表性格的分類，以及顯示人們防衛反應的原因等。

你看～我才
不給你呢！
壞心！
洋芋片

●經濟心理學

折扣2%
980日圓
這個好！

研究人們經濟活動中，做出不合理行為的心理。為什麼會認為980日圓就比較便宜？商品數量、種類及購買意願之間的關係。又或是標示大眾、上等、特等的壽司，「上等」最受青睞的心理因素等。

●運動心理學

以科學方法解決有關運動的各個問題及心理傾向之心理學。研究運動的學習效果、競爭、合作等獲得的效果。並且透過實驗、調查等，了解有效發揮運動能力的事前行動、色彩等。

●色彩心理學

人們看到特定的色彩會促進或抑制某些行為。色彩心理學是研究什麼樣的色彩會讓人感覺沉重、什麼樣的色彩會讓人感到愉快等，是一門分析色彩影響力的學問。另外，人類對色彩喜好和自己的性格有關，這也是色彩心理學的研究範疇，並被大量運用在商業領域。

●犯罪心理學

提供有助於犯罪搜查的見解、資訊，協助儘早解決案件或防止犯罪。不僅有助於逮捕犯人，也有利於犯罪者的重生。

來做心理諮商嘍！

●臨床心理學

對於患有精神問題的人，進行診斷、治療心理困擾，讓人們更能適應環境的一門應用心理學。透過心理療法或心理諮商，治療或預防心理疾患。

其他還有產業心理學、災害心理學、交通心理學、教育心理學等。

目錄

第1章 社會心理學
了解左右他人行為的心理

第2章 性格心理學
我的性格？他人的性格？

第3章 認知心理學
五感與心理不能忽視的關係

第4章 戀愛心理學
影響戀愛情感的是什麼？

第5章 經濟心理學（行為經濟學）
看透心理，經濟變得很有趣

第6章 其他心理效應
從色彩心理學到發展心理學

第7章 心理學的研究者
是誰創造出心理學？

了解左右他人行為的心理

他人
自己
接著我們就來看看小
波和他人（團體）間
發生的心理效應。
社會心理學
第1章

研究社會上的團體或個人行為、情感等心理學的領域，當人們在個人狀態或置身於團體中時，心理（情緒的動向）有所差異。解說置身於團體或面對他人時會產生什麼樣的心理效應。

月暈效應（光環效應）

這邊！

大
心理效應

中
個人差距

字寫得漂亮的人會讓人覺得內在也很細心體貼；英語流利的人則令人覺得應該很聰明。但事實上，字是否寫得漂亮和性格是否體貼沒有直接關係；英語說得很流利也不代表頭腦一定聰明。但我們並未冷靜分析個人內在的一面，僅憑著特徵或外表而下評斷，這就是**月暈效應（光環效應）**。

英語流利
hello
hello
英語流利
給人聰明的印象
hello
hello

「月暈」（Halo）指的是月亮周圍出現的光環，當「字很漂亮」、「英語流利」等光環照在身上，就容易以為**當事人就是這麼優秀**。因學歷對工作表現有先入為主的觀念也是相同的道理。

感謝您！
你每一項都表
現得很優秀！

實驗

美國心理學家桑代克曾經進行一項實驗，他請軍隊的隊長評價下屬的「知識性」、「運動能力」等項目時，發現某個特定項目表現傑出的士兵在其他項目**評價會被高估**，而表現差勁的士兵在其他項目則**評價會被低估**。可見評價一個人往往不是基於明確的尺度和基準，而是受到顯著的特徵判斷「好」、「壞」。

貓熊老師運用的
心理學秘技

這支牙刷
很好用喔！
是喔。

月暈效應也可以這麼用。
NASA也在用喔。
我也想要
一支！

運用月暈效應是有技巧的！在「要求購買」、「交涉」、「要求好評」時，告訴對方「○○也在用」、「○○也讚不絕口」等，較容易達成你的期望。不是有些人對於名人、有名的機構等，容易覺得有公信力嗎？這就是運用名人或有名機構的光環（月暈效應）而建立信任感。

順便一提，貓熊老師雖然屬於肉食類的雜食動物，不過，因為「總是在吃竹葉，應該是草食動物」的印象卻深植人心。啃竹葉，就是貓熊老師大受歡迎的祕技。這項月暈效應在日本社會似乎特別管用呢！

相關效應

→ 自我揭露（P54）→ 初始效應（P6）→ 美女效應（P24）

社會心理學

美女效應

真是個美女貓熊呀！
大概是出生在高級住
宅區吧～

中
心理效應

大
個人差距

大
男性效果

如同俗話說「美女比較占便宜」，男人看到外表有魅力的女性，就會聯想到「家教良好」、「聰明」等，給予正面評價。這就稱為**美女效應**。男性通常傾向以外表來對女性做出整體評價，這也可以說是月暈效應。有時也會發生**給予對方良好評價是為了搏得對方喜愛**的情況。

要是給對方好評
的話……

或許對方就會對
我有好感……

然而，也不是說美女就處處占便宜，有時也會遇到因為外表太美而給人冷淡的印象，**反而招來損失的狀況**。這很可能是基於自我保護的心理，對於遙不可及的對象，就斷定對方性格很差勁。

A
B
A比較有魅力，所以成績也給得較高……

實驗

從美國的心理學家邁克爾・A・辛格等人，以女子大學的教授為實驗對象，明顯得知外表與評價的關係。實驗中把一年級的女大學生照片，交給四十位教授看過，並標出外表魅力的順序。**結果外表魅力順位越高的學生，教授所給的學業成績平均分數越高**。由此可知，對於覺得有魅力的學生，分數也會打得較寬鬆。

另外，實驗中也可以得知，魅力順位高的學生也會費心在營造魅力上，因此較為顧慮他人。

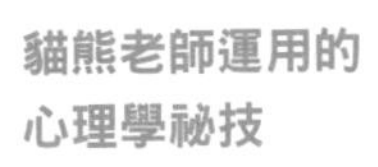
貓熊老師運用的心理學祕技

女性第一次見面必須留意外表，
化妝
服裝
表情

第二次以後見面，要強調內在表現。

女性似乎容易藉著留意讓自己看起來有魅力來提高他人對自己的評價。男人以外表來評價的情況很多不是嗎？不過，就如俗話說「美女看三天就膩了」，**也有人認為美女效應持續效果意外地短暫**，所以初次碰面時投注心力在「讓外表印象更佳」，第二次碰面以後，強調「內在的魅力」就策略而言會更有效。不要一開始就把手上的好牌全部打出去也沒關係，先外表而後表現內在的順序才更重要。

相關效應

→ 月暈效應（P22）→ 初始效應（P6）

從眾效應

大
心理效應

中
個人差距

人們喜愛人潮多的地方。為了購買人氣商品而花冗長的時間排隊，不僅是因為感受到商品的魅力，也是因為看到大排長龍，而覺得「**得到這麼多人的好評，一定是很棒的商品**」。人們和別人做相同的事情會感到安心，如果和別人做不同的事情則會不安，擔心會不會因而遭受損失。這種心理就稱為**從眾效應**。

衝著排隊也可以成為一個話題，當然要排！
關東

排什麼隊，跟個傻瓜一樣！
關西

尤其是日本人，有模仿多數派行為的傾向。而且可以從區域看出特性，**關西人**和關東人相較之下，對於排隊較無感。

實驗

美國心理學家米爾格倫，曾在紐約的街頭，進行一個在人潮中的實驗，實驗中是由人在道路上抬頭望著馬路對面的六樓，然後看看路人會有什麼反應。

抬頭看的人由一人增加到兩人、三人，當增加到**五人以上時，有八成的路人會同樣地抬頭看**。從這個實驗可以得知，當人數增加時，會使人不由得採取相同的行為。

貓熊老師運用的心理學祕技

開會時……

隊友如果有五個人陣容就很堅強。

把貓熊的時薪……

無論如何都想獲得某個人贊同時，就如同上述的米爾格倫實驗般，找五個左右的同伴。比方說，就算全部共有五十個人，**只要有五人採取同樣的行動，應該就很容易成功**。會議前最好事先疏通五人取得共識。銷售商品的暗樁只有一個人也成不了事，若有五人以上聚集，就會不由得帶動群眾產生購買欲望。

相關效應

→ 樂隊花車效應（P34）→ 劣勢者效應（P36）
→ 去性格化（P38）→ 鏡像效應（P150）→ 迴避損失傾向（P156）

林格曼效應

嗚……
啊！

大
心理效應

小
個人差距

很多人在路上看到他人遇到困難，一方面覺得「看起來好辛苦」，一方面卻很難主動伸出援手，當周圍還有其他人時，就很容易產生**一定有其他人會伸出援手**的想法，這就是**林格曼效應**，又稱為社會懈怠。

救命啊！
應該會有人報警……
離開
匆匆

有許多人在場時，反而不會幫助有困難的人，比方說聽到公寓傳出慘叫聲，大家**認為一定有人會報警**，通報反而變慢的一種現象。這是因為林格曼效應對人有很強烈的影響。

救命！
你去吧！
不，
不！

實驗

農學家林格曼發現，當拔河的人數逐漸增加時，反而導致每個人所出的力量越來越小，這是因為當人數多時，會產生稍微偷懶也無所謂的心理。

美國心理學家拉丹和戴利，他們觀察一群人在一個房間內進行討論中途，當參加者發生身體不舒服的狀況，**大家反而不會積極向主辦者求助**。當參加者只有兩人時，幾乎是百分之百的人會向主辦者報告，但人數達六人時，只有三成的人會報告。

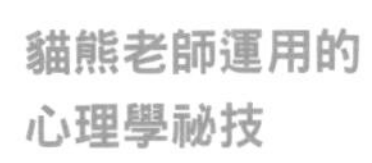
貓熊老師運用的
心理學祕技

因為林格曼效應，大家
都逃避的話……
匆忙
逃走

我就身先士卒。
你還好嗎？
嗯，我吃
太多了！

「就算我不處理也沒關係」、「不好意思」等想法，因而不採取積極助人行為的人相當多。由於這項心理效應很強烈，當有旁人在場（或認為有旁人時），就會對於採取積極行為猶豫不決。但是，只要了解這個機制，明白束縛自己的心理，**就容易跨出幫助他人的腳步**。因為大家都有相同的想法，所以只要身先士卒，其他人就會給予協助喔！所以不妨率先行動吧！

相關效應

→ 從眾效應（P26）

霍桑效應

大
心理效應

中
個人差距

為了使員工或打工人員的工作效率提升，很容易企圖採取利用酬勞或規範的方式來達到目的。不過，有效的其實是**「受到他人注意」**的想法。覺得他人注意自己時，就會更努力。這就是**霍桑效應**。

霍桑效應
效率
注目
UP
畢馬龍效應
成績
期待
UP

類似的效應，還有提供對方期待的事物來提高對方能力的**畢馬龍效應**。霍桑效應是藉著受到關注而提升效率的一種心理效應。

實驗

美國芝加哥郊外的一家霍桑工廠，針對照明與工人的生產性關係，發現照明條件較佳的環境，生產性較高。不過，當照明恢復原本的條件時，生產性並未因此下降。

詳細調查後的結果，發現和照明的明亮程度沒有關係，而是員工**正在進行生產性相關實驗，因而產生「受到觀察」的心理**。不過，由於這項實驗樣本數太少，因而也有人持反對的見解。

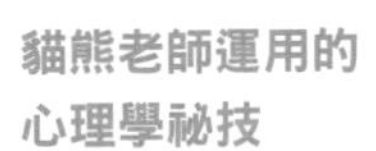
貓熊老師運用的
心理學祕技

偷懶一
下吧～

慘了，還是
專心唸書吧！
看

在家老是難以專注讀書或工作的人，不妨到圖書館，在會在意他人視線的環境下讀書或工作。動不動就站起來，或是讀到一半就不讀，旁人可能會覺得「這傢伙專注力真差」，因為希望在他人眼中留下**良好觀感**，所以能夠更努力喲！

相關效應

→ 畢馬龍效應（P44）→ 聚光燈效應（P32）
→ 宣誓效應（P96）

聚光燈效應

中
心理效應

大
個人差距

搭公車或電車時，有時是否會覺察他人正在對自己行注目禮？或是當頭髮沒整理好，因為在意別人的觀感，在鏡子前一再地梳理頭髮？其實，人們對於他人並不會那麼在意，就算有小小的變化也不會一一檢視，但當事人卻會覺得比實際受到的注目更多，這就稱為**聚光燈效應**。

啊～
我失敗了！

誰在看我？
東張
西望

就像站在舞台的聚光燈下，覺得「別人都在看著我」，因而稱為聚光燈效應。就算只是犯了芝麻綠豆般的失誤，**想像別人在意的程度超過實際狀況**，就是因為這個心理效應。

相關效應

→ 霍桑效應（P30）→ 自我洩漏感（P58）

穿著效應

看起來很認真。

中
心理效應

中
個人差距

我們對於穿著制服的人很容易抱持既定印象。銀行員穿著藍色制服看起來誠實令人覺得安心；消防員或警察制服看起來充滿正義感，給人勇猛果敢的印象，這些對制服的印象，延伸到穿著者的性格傾向，這樣的想法就稱為**穿著效應**（制服效應）。

紅 → **熱情、行動派**
藍 → **安心、誠實**

白 → **爽朗、真誠**
綠 → **安全、協調**

這個效應在視覺效果中也會受到色彩的強烈影響。**藍色**或**深藍**給人誠實、信賴感；**紅色**或**橙色**給人正義感、行動派、熱情的印象；**白色**則容易給人爽朗、真誠的印象。

相關效應

→ 月暈效應（P22）→ 角色效應（P60）→ 刻板印象（P92）

樂隊花車效應

中
心理效應

中
個人差距

比方說選舉期間，報紙或電視對某個候選人播放有利的報導，使觀眾萌生想投票給這個人的想法，這是因為覺得多數派較正確，或是不想浪費投下的一票，產生損失的迴避心理。當選的人是自己所選擇的，而得到精神滿足，這樣的心理就稱為**樂隊花車效應**。

人氣動物選舉

候選者貓熊

候選者貓咪

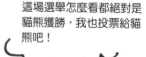

這場選舉怎麼看都絕對是貓熊獲勝，我也投票給貓熊吧！

「樂隊花車」指的是遊行隊伍中最前面的樂隊，意思是**只要搭上最前面的樂隊花車，就和多數人站在同一陣線**，認為相較於個人意見，團體意見較為正確的一種心理。

電影上映前就
準備好了。
大受歡迎，
我也要去
看看！
白與黑的激情
好評熱映中

實際

樂隊花車效應是美國經濟學家萊賓斯坦在他的著作中提出的心理效應。在**行銷及促銷的領域**中廣為人知，也在我們未察覺的地方時常運用。

比方說，「現在的熱門話題商品」、「熱烈上映」等用詞，是在商品、電影宣傳出現前就準備好的宣傳詞。目的在於造成樂隊花車效應及從眾效應，製造出話題。

貓熊老師運用的心理學祕技

動物園
的拉麵
最棒！
這個好！

奸笑
？
難吃！

想成功推出新商品時，在網路上先製造口碑，利用樂隊花車效應，達到熱銷目的的做法早已司空見慣。有調查結果顯示，新商品的銷量有七成是透過網路宣傳。我們也進入不能過度依賴網路，**對於網路上的情報、宣傳要心存懷疑的時代**了。希望大家對於網路上的資訊，都抱著只能當作參考的態度，巧妙地搜集資訊，避免輕易受騙。

相關效應

→ 劣勢者效應（P36）→ 從眾效應（P26）→ 迴避損失傾向（P156）

劣勢者效應

罪惡是不會勝利的！
下週見！

奔馳而去！

戰鬥員……
加油！

中
心理效應

中
個人差距

如果說樂隊花車效應是「騎上勝出之馬」的心理效應，相反的心理效應就是劣勢者效應。在觀賞高中棒球比賽時，常勝的名校和情勢不被看好的地方高中球隊比賽時，忍不住想為聲勢弱的學校加油，這樣的心理就是**劣勢者效應**，又稱為敗犬效應。

樂隊花車效應是和
自身利益相關的事物

哪一邊
較有利？

選舉
・候選人A
・候選人B

劣勢者效應是和
自身利益無關的事物

落敗了
真可憐。

高中棒球
・A高中
・B高中

就如同日文中的諺語「判官贔屓」，日本人同情處於弱勢者的心理自古皆然，**攸關自身利益時**，容易出現樂隊花車效應；**和自身利益無關時**，則容易產生劣勢者效應。

相關效應

→ 樂隊花車效應（P34）→ 從眾效應（P26）

親和欲求

大
心理效應

大
個人差距

大
女性效果

你是否有過莫名地希望有人在身邊，只要有人在身邊就覺得安心的心情？像這樣想找個人陪的心情，就稱為**親和欲求**。這種欲求女性比男性強烈，覺得不安時，這樣的心情更容易高漲。要去購買高價的物品時，希望和某個人一起行動，也可能是基於這樣的欲求。

我是長男，所以容易感到寂寞。

男性

女性

想要有人陪的欲求強烈度

這是個人差異較大的心理效應，積極地要別人陪伴、視線積極地和他人相交的人，就是**親和欲求強烈的人**。一般而言，獨生子、長男、長女的親和欲求較為強烈。

相關效應

→ 從眾效應（P26）

去性格化

大
心理效應

中
個人差距

你是否也曾發生這樣的狀況——平時明明是性格害羞文靜的人，去看演唱會時卻忘我地和演出者一起大聲狂叫；平常性格溫和，觀看運動賽事卻瘋狂地為支持的隊伍熱情加油。當置身於團體中，就淹沒了自我，個人的意識變得稀薄，容易出現平時壓抑的行為，這就叫做**去性格化**。

在一群陌生人的團體中，

容易變得難以壓抑自我。

這是一種不由得認為「在這裡為所欲為也不會很醒目吧」的想法，導致做出大膽開放的行為。在**匿名性較高的場所**、**興奮狀態**下，容易促使去性格化。在保有社會性的團體中，則難以發生反社會性的行為。

光看體型就知道
你是誰了。

實際

史丹佛大學的心理學家菲利普・津巴多教授，偽稱要進行對他人的共鳴實驗，把參加者每四人編成一組，並且讓他們穿著袋狀的實驗服（去性格化），接著讓參加實驗者聆聽某個人惡行惡狀的錄音帶，告訴他們那個人就在隔壁房間，然後要他們按下一個按鈕，以電擊那個人。實驗結果發現，**在去性格化的情況下，按下按鈕的時間增長**。從這個實驗得知，去性格化會令人變得冷酷。

貓熊老師運用的
心理學祕技

在網路上忍不住
攻擊別人，

還是不要看那些怪怪網
站或留言板為妙。

一旦去性格化，**對他人容易產生攻擊的傾向**。在網路上的留言板過分攻擊別人，也是基於這樣的心理。即使是匿名，企圖透過攻擊別人來轉換心情的行為，只會使負面情緒擴大，讓自己更不愉快而已。可疑的網站或留言板還是少看為妙，在這些地方發洩情緒，對自己沒有好處喔！

相關效應

→ 米爾格倫效應（P40）→ 從眾效應（P26）→ 路西法效應（P62）

米爾格倫效應

去拿竹葉給我！
權威
遵命！

大
心理效應

中
個人差距

人只要上了戰場，就能夠攻擊完全陌生的對象？只要有上級的命令，就能去傷害對方嗎？人在封閉的環境下，會產生服從「權威者」指示的心理效應，這就是**米爾格倫效應**，這個效應十分強烈，人們往往難以抗拒。

我想想～

去做！

遵命！
去做！

↑封閉空間

以生活周遭來說，**在醫院不得不聽從醫師指示**的心情會變得強烈；必須遵從**指揮交通的警察指示**等心情，也會比平時強烈。

按下去！
好！
按
電擊控制器

實驗

美國心理學家米爾格倫把參加實驗者分為「教師」和「學生」兩種角色，分別帶到兩個不同房間。接著進行記憶測試，只要扮演學生的人答錯了，扮演教師的人便按下電擊按鈕給予懲罰。

當電擊強度增強時，學生會有敲打牆壁等反應（其實並未真的有電流，學生只是裝作遭到電擊），看到學生的反應雖然有許多教師希望停止實驗，但主辦者仍**強硬命令繼續實驗**。結果四十位扮演教師的人有二十六人（65%）繼續進行實驗直到結束。

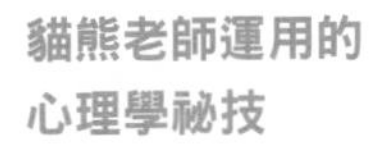
貓熊老師運用的
心理學祕技

一待在附近，不合理的
要求也照做不誤。

保持一點距離，就會產
生可以迴避的想法。

啊！
照著做是
不行的！

米爾格倫的實驗還有後續，主辦者在教師附近下命令時，雖然有65%的人繼續下去，但主辦者離開房間後，繼續參加實驗的教師只剩22%。也就是說，當主管或前輩要你做不合理的事情時，不要待在他們附近，**盡量保持距離，就容易避免不合情理的命令**。這是一個能派上用場的智慧喔！

相關效應

→ 去性格化（P38）→ 從眾效應（P26）→ 路西法效應（P62）
→ 迴力鏢效應（P43）

視線接觸的電梯現象

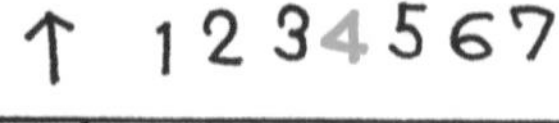
1234567

呃
呃

中
心理效應

中
個人差距

你有沒有過這樣的經驗？在公司和同事進入電梯的瞬間，對話突然就中斷了（尤其是異性）。這和個人空間有密切的關係。在狹窄的空間裡，自己和對方原本適當的距離遭到破壞，成為能製造更親密關係的距離。然而實際上兩人並未親密到能在這麼近的距離談話，因而會覺得難為情以致談話中斷，這就稱為**視線接觸的電梯現象**。

稍微保持距離，可以如平常一樣對話……

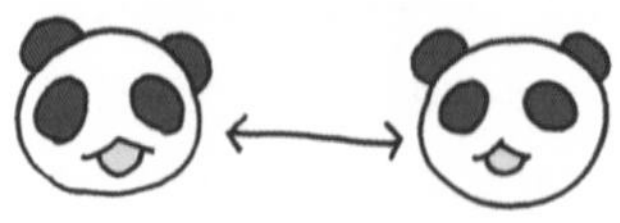

在擁擠的電梯裡距離當然會變近，但反而不知道該說什麼。

這種現象可以運用在想建立友好關係的對象上。在擁擠的電梯中，試著和對方交談，雖然通常是親近後才會有這個行為，**但有時若是先採取該行為，也會因而變得友好**。

相關效應

→ 個人空間（P10）

迴力鏢效應

再用功一點！
被這麼一說，
就不想讀了。

小
心理效應

大
個人差距

有時候，當父母對你說「用功一點」，或是主管對你說「再努力一點」，反而失去幹勁，想要反抗，這種心理稱為**迴力鏢效應**。說服（命令）會如同迴力鏢般，讓進行該行為的人產生負面效果（情緒），因而有這個命名。

有權力者強勢
下命令⋯⋯
產生想要反抗
的心理。
真討厭。

人對於自己的想法或行為都有自由選擇的心情（雖然有時也會產生相反的心情），當立場不同，居於上位的人強勢說服（命令）施加壓力時，反而會產生**反抗說服（命令），以獲得自由的心情**。對於權力的反抗心理，和信賴也有很大的關係。當感覺對自身有危險或不利時，容易產生米爾格倫效應，如果沒有危險或不利的感覺，則容易發生迴力鏢效應。

相關效應

→ 米爾格倫效應（P40）

畢馬龍效應

必勝
你一定做得到！

中
心理效應

中
個人差距

培養一個人很不容易，上司斥責部下時，有些部下會因而一蹶不振，有些甚至辭職不幹了。有時抱著期待給予讚美，部下卻得意忘形而不受控制。那麼，究竟該怎麼做才正確呢？以心理學而言，給予讚美讓對方成長的效果比較好，這稱為**畢馬龍效應**，因為人們受到期待，基本上會想要回應對方的期待。

這個效應的命名由來，
是畢馬龍愛上女神雕像，

因為神的力量，雕像變成真人
的傳說。

畢馬龍的命名是取自希臘神話中一位名為畢馬龍的國王，他愛上了自己雕刻出來的女神雕像，由於他強烈地祈願雕像變成真人，最後願望實現，雕像變成真人的傳說。也有人以研究這個心理的學者命名，而稱為**羅森塔爾效應**。

任意挑選出的學生，
以認為他們很優秀
的心態而栽培，
真的成為
優秀的學生。

實驗

心理學家羅森塔爾與雅格布森，對小學生進行智力測驗的實驗，他們告知老師這些學生的智力將會有重大發展，把隨機選出和學力無關的學生，向老師介紹他們是「前途大有發展的學生」。一年後發現，隨機挑選出的學生，**他們的成績表現卻明顯高於其他學生**。由於老師對這群學生抱有較高的期望，對他們更願意花時間教導，而學生也回應教師的期待，表現出良好的結果。

貓熊老師運用的
心理學祕技

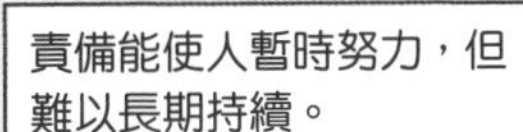
責備能使人暫時努力，但
難以長期持續。

混蛋！

讚美雖然很難立竿見影，
但效果可以長期持續。
表現得好！
我要努力！

有人或許不認同讚美教養方式，因為責備後立即採取行動的人占多數。然而，因為被罵才行動，能夠長期持續的狀況較少。**讚美雖然未必能立竿見影，卻容易養成長期的動機**。應當巧妙地運用「讚美」建立信賴感，培養良好的關係，人際關係也會變得更好。

相關效應

→ 霍桑效應（P30）→ 自我應驗預言（P91）

午餐技巧

你就做一下那件事嘛！
嚼嚼
好吃
真拿你沒轍～

中
心理效應

大
個人差距

商業場合有時會一邊用餐一邊洽談生意。邊用餐邊表達意見容易建立共識，提出請求也更容易如願以償，這在心理學中稱為**午餐技巧**。招待做生意的對象，或是政治家利用高級料理店的密室協商，都是因為用餐時容易取得共鳴的緣故。

嚼嚼

用餐時能處在開心或放鬆的狀態，

莫名地覺得我們是麻吉

對於正體驗相同事物的人產生親密感。

人在享用美食的時候會感到開心，在氣氛寧靜的場所用餐能夠放鬆。**在開心或放鬆的狀態下**，比較能產生共鳴，對方也更容易接受請求。

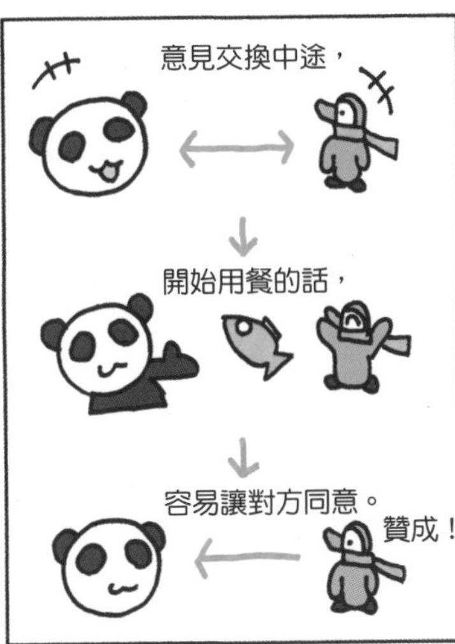
意見交換中途，
開始用餐的話，
容易讓對方同意。
贊成！

實驗

美國心理學家拉茲蘭，對參加實驗者邊用餐邊說明自己的政治意見，用餐後再詢問參加者的意見，發現用餐之後，**參加者較容易接受政見**。在他的實驗中也發現，同樣的說服內容，邊吃點東西邊聽，和單純聆聽不吃任何東西的組別相較之下，吃東西的組別同意的比例更高。

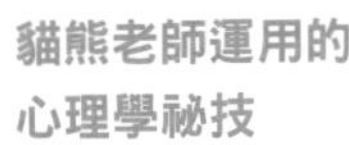
貓熊老師運用的
心理學祕技

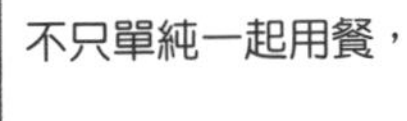
不只單純一起用餐，

開心

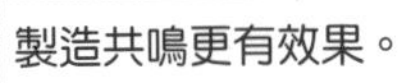
製造共鳴更有效果。

共鳴
開心

這個技巧不僅可運用於商務場合，也可以運用在談戀愛的情況。和心儀的人一起用餐更容易培養出好感。不過，這時候必須注意一點，不是只有一起用餐就好，**重要的是帶給對方「美味」的感受**。一起說出「真好吃」的共鳴更有效果，這麼一來，可以期待發生「連帶效應」，事後回想起用餐一事，愉悅的感覺再次甦醒，對於共同享有這個感受的對象，就會增加好感。

相關效應

→ 鏡像效應（P150）

削弱效應

用功讀書，
我就給你零用錢！

我又不是為了零用錢
唸書的！

中
心理效應

大
個人差距

你是否有過這樣的經驗——了解工作或讀書的樂趣，熱中投入之際，聽到有人對你說「更努力一點，我會支付報酬（零用錢）給你」，反而失去興致了。這是因為原本出於內在動機的事物，因為給予報酬等外在事物，反而使動機下降的現象，稱為**削弱效應**。

總覺得沒
幹勁了。
100

今天沒有零用錢……
總覺得不對勁。

沒有獎勵也在努力的狀況下，提出獎勵不僅是削弱了幹勁，甚至還會變成**沒有獎勵就無心努力**的狀況。

相關效應

→ 畢馬龍效應（P44）→ 增強效應（P49）
→ 迴力鏢效應（P43）

增強效應

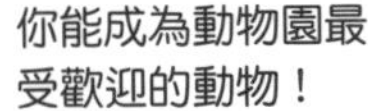
你能成為動物園最
受歡迎的動物！

中
心理效應

大
個人差距

和削弱效應相反的不是內在動機，而是**增強效應**，是提供獎勵或報酬以提高動力的情況。是員工為了加薪或升遷而努力、運動選手為了取得冠軍而持續練習的效應。

想要被讚美，
希望被獎賞！

男性

希望努力受到認同、
希望存在價值得到認同。

女性

增強效應不僅限於金錢等具體的報酬，讚美言語等言語報酬也有效果，尤其**對男性而言，在人前讚美成果就如同獎賞般**有效；**女性則是讚美努力過程**較有效果。

相關效應

→ 畢馬龍效應（P44）→ 削弱效應（P48）

社會報酬

被叫了名字就
很難拒絕……
好的。
小波，拜託你了！

大
心理效應

中
個人差距

「○○，這件事麻煩你了」，當有人叫你的名字，委託你什麼事情時，不由得順口答應下來的一種心理。光是稱呼名字的行為，就是一種**社會報酬**，「期望自己的存在獲得認同」的心態，使得姓名具有報酬的功用。而且因為被叫名字，容易產生「只有我才做得到」的錯覺。社會報酬除了姓名以外，還有受尊敬、知名度上升等。

小波，拜託你去買。

好！

叫了名字後再委託，
90%的學生買來。

拜託你去買。

好！

單純拜託的情況下，
50%的學生買來。

美國某家大學曾進行一項實驗，當老師想拜託學生買餅乾來時，**叫了名字後再委託**，有90%的學生買來（沒叫名字的情況則是50%）。平日生活中若是能夠稱呼對方名字「○○，辛苦你了」，與對方的距離就會縮短。

相關效應

→ 認同需求（P8）

埃倫森的不貞法則

黑白配色跟警車一樣，真酷！
謝謝。
跟警車一樣，真酷！
新人
好開心！
中
心理效應
中
個人差距

任何人被讚美都會感到開心。但是你是否有過被交情長久的友人讚美未必非常開心，被關係尚淺的人讚美卻莫名開心的經驗？被關係尚淺的人讚美，內心容易受到影響，心理學家埃倫森把這種心理稱作**埃倫森的不貞法則**。

因為交情還很淺，實在很難開口讚美，所以反其道而行。
猴子的臉真是太帥了！
耶！

交情很淺時，很難開口讚美對方。但是若知道這個法則，就了解應該要**多讚美對方比較好**。另外，和交情長久的異性友人難以進展成戀愛關係，可能也和這個法則有關。

溫莎效應

貓熊先生工作
很幹練耶！

大熊先生說
你工作很幹
練喲！
真的嗎？

大
心理效應

中
個人差距

被別人稱讚時，稱讚的對象和方式會影響開心的程度。透過第三者間接讚美，比對方直接面對面稱讚更令人開心，這就稱為**溫莎效應**。溫莎一詞的由來，是因為推理小說中的角色溫莎伯爵夫人說過：「任何時候，他人的讚揚總是最有效的。」

你工作很幹練。

真的假的？

當面誇人會令人覺得別有居心。

大熊先生說
你工作很幹
練喲！

他說的是
真心話。

透過第三者就會相信真實性。

「○○非常讚賞你喔！」聽第三者的轉述，**覺得比直接聽當事人親口說出可信度更高**，而且代表被讚美一事擴大到其他人也知道，所以更令人開心。想要讚美某個人時，不妨刻意透過第三者。

得失效應

◎貶抑 → 讚美
○讚美 → 讚美
×貶抑 → 貶抑
×讚美 → 貶抑
好感程度
好感程度最高的
是哪個呢？

中
心理效應

中
個人差距

說話時有「讚美」對方的時候，當然也有「貶抑」對方的時候。兩者同時並用時，有必須注意的地方。美國心理學家埃倫森和琳達進行「讚美」的實驗，發現下列的效應——批評者一開始先「貶抑」，然後再「讚美」，比從頭到尾都「讚美」得到更多好感。

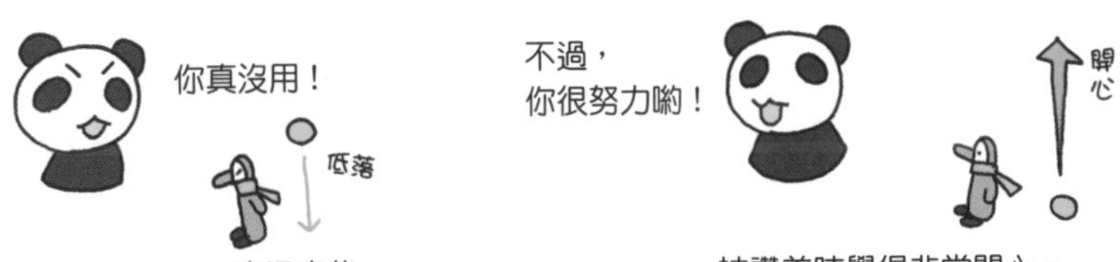
你真沒用！
低落
一度沮喪後，
不過，
你很努力喲！
開心
被讚美時覺得非常開心。

這就稱為**得失效應**，一度受到貶抑而感到沮喪的情緒，因為後來受到讚美產生的巨大落差。相反的，先「讚美」後「貶抑」，因為好感會下降，最好避免這種做法。

相關效應

→ 初始效應（P6）→ 自我肯定欲求（P153）

自我揭露

夢想
工作
家人
嗜好
性格
家

中
心理效應

中
個人差距

表明自己的嗜好、家人、工作、性格、夢想等事項，稱為**自我揭露**。我們對交情尚淺還不是很熟悉的對象，表白自己的性格、夢想等事項時，或許會覺得很難為情，不過，有時對他人自我揭露，能夠增加與對方之間的親密度。

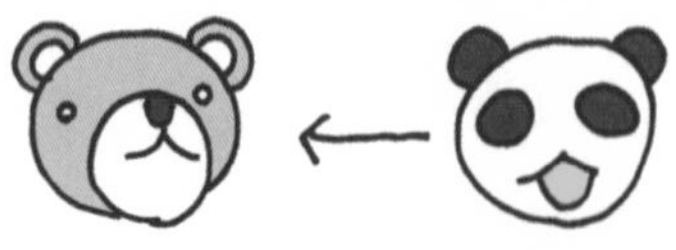
其實我啊……

雖然有點難為情，但是自我揭露時，

其實我也……

對方也會容易自我揭露。

對他人自我揭露時，也會期待對方有相同程度的自我揭露。對方已經對自己如此坦誠相見，自己就容易產生必須這麼做才行的心理，這稱為**自我揭露的回饋**。與此類似的用詞是「自我呈現」，不過自我呈現指的是刻意給他人留下良好印象的做法。

體育老師或指導學生的教師積極地自我揭露。

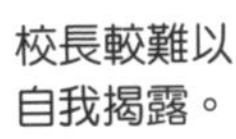
校長較難以自我揭露。

研究

日本也有許多心理學家針對自我揭露進行各種研究。比方說，以國中生為對象，研究教師及學生的自我揭露狀況。**班級導師、輔導老師、體育老師**對學生自我揭露的傾向較高，**校長**對學生自我揭露的傾向較低。

另外，時常向學生自我揭露的老師，和學生的心理距離較近。

貓熊老師運用的心理學祕技

不是變得親密後才自我揭露，
很難說出口……

而是藉由自我揭露使交情變好。

如果能巧妙運用「自我揭露的回饋」，就能增加與他人之間的親密度。在學校或公司難以啟齒的事情，不是變得親密後才說出口，反而藉著先說出口以後，來達成增加親密度的效果。首先打開心門談談自己的事情吧！一開始不妨先說說嗜好、出生地、興趣之類的話題。然後再循著原本的話題，談談平時較難啟齒的失敗經驗或夢想等。

相關效應

→ 自我呈現（P56）→ 熟悉定律（P138）

自我呈現

整天滾來滾去
也很受歡迎。

動物園
的寵兒。

只有白、黑，
顏色很少。

大
心理效應

大
個人差距

大
男性效果

任何人都會在意他人的目光。意識到他人，企圖給別人好印象因而改變自己的言行舉止。有意隱藏缺點、開創新的優點，卻佯裝早就擁有該優點般付諸行動。像這樣自我操作，企圖給別人好印象的做法稱為**自我呈現**。

獅子先生好像
很強壯。

你在討好我。

為了來看我而
大排長龍……

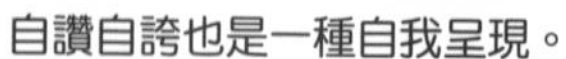

自讚自誇也是一種自我呈現。

簡單的自我呈現，或許是「**自我誇耀**」。不過男性尤其想要表現自己好的一面，傾向炫耀過去的成就。強調自己好的部分稱為「**自我宣傳**」。其他如「**討好**」或「**威嚇**」也是自我呈現的一種。

自誇
自誇
謙遜
謙遜
自誇
自誇
自誇
謙遜
謙遜
自誇
莫名覺得愉快。

實驗

曾有人做過自讚自誇和謙遜的話交互來自我呈現時，聆聽對象的好感變化實驗。實驗結果發現，**自誇占60%的內容最受歡迎**。

自誇內容過多聽起來令人覺得不愉快，但相反的，過度謙遜也不太有好評，自誇比例稍微多一點最令人有好感。

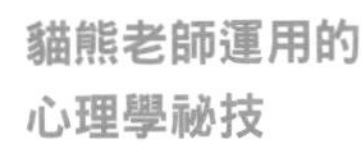
貓熊老師運用的
心理學祕技

巧妙運用自我揭露話題的話，

我掉到水坑裡，

有助於人際關係。
所以藏了一肚子壞水喔。
真嚇人

有時自認為是自我揭露，其實卻成了過度老王賣瓜，自讚自誇，這樣可就不太妙了不是嗎？如果有事想拜託對方，為了搏得對方同情，以裝可憐的話題來進行「哀求」的自我呈現也很有效果。努力卻沒有收穫、霉運接踵而來……不過認真地講述這些話題，有時反而會招來反感，讓人覺得「怎麼可能？」講些稍微笑得出來的有趣話題比較好。會有什麼反應雖然因人而異，不妨多試試看。

相關效應

→ 自我揭露（P54）

自我洩漏感

我覺得貓熊老師很
胖，不知道是不是
被他看出來了？

中
心理效應

大
個人差距

你曾有過這樣的經驗嗎——不確定自己對他人所感受到的印象或想法是否被對方察覺到了，就突然因此覺得不安。心思彷彿被對方看穿的感受稱為**自我洩漏感**。擔心內在的想法感受被對方察覺，通常是因為對於對方有厭惡感或不愉快等負面情感。

討厭
好臭
面無表情

萬一被看穿會覺得不安
的負面情緒

搞不好被看穿了 → 要是被看穿就傷腦筋了

不是擔心洩漏，
而是擔心洩漏了怎麼辦？

和不擅長應付的對象談話，不僅會有「不擅長意識」，對於親近的人如母親等，有時不必特地說什麼，也會有**想法完全被看穿的感受**。

相關效應

→ 聚光燈效應（P32）

思維控制

咦？

大
心理效應

中
個人差距

操作從外部而來的資訊，灌輸特定想法或思考，卻宛如當事人自我意志決定般，誘導至一開始就預定的結論之技巧，稱為**思維控制**。雖然常在宗教等相關事件被提及，其實也是應用精神醫學原理或一般心理操作，也有人認為這並不能列入特別的心理效應。

你要吃竹葉！

我想吃竹葉。

洗腦是透過與社會隔離……

灌輸思想的手法。

經常和**「洗腦」一詞混淆**。洗腦是歷經長時間從社會隔離，在某種痛苦中植入思想或主義的背景，有別於思維控制是透過對話和資訊操作來改變思想。

相關效應

→ 標籤效應（P95）→ 自我應驗預言（P91）

角色效應

成為動物園代表的貓熊
平時的貓熊

大
心理效應

中
個人差距

在學校相當不規矩的學生，成為班級幹部後很認真地做該做的工作；責任感很差的人，在公司一成為主管職，突然就產生責任感，這些不可思議的狀況是怎麼發生的呢？這是當人類被賦予地位或職責時，**為了符合該地位或職責**，改變自我性格或行為的心理作用。

沒有職責時……

不需要在意任何事～

一旦賦予職責……

我現在是代表，
一定要振作一點才行！

這就稱為**角色效應**，角色能改變人類思考或行為。即使一開始只是「扮演」某個角色的人，不知不覺中也會「成長」，成為符合該角色的人。

表現平平的學生被
任命當班級幹部後，
全力以赴！

調查

田中熊次郎曾針對小學五年級生，調查被任命為班級幹部前後的變化。

結果發現，即使並不是特別起眼的學生，一旦成為班級幹部後，就會努力成為符合班級幹部角色的人，不僅具有領導特質，也會拚命努力。

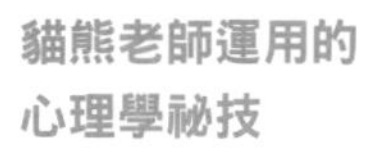
貓熊老師運用的
心理學祕技

不是等到有責任感
才賦予職責，
職責

也可以先賦予職責來
培養責任感。
職責

角色效應在心理學中是一種相當強烈的效應。公司主管若是想栽培某個員工，不是等他有責任感後再賦予他職務，而是**先賦予他某個職責**，來培養責任感。我本來也討厭在地上滾來滾去，都是因為要盡職扮演貓熊的角色，不得已才滾來滾去的！

相關效應

→ 路西法效應（P62）

路西法效應

大
心理效應

中
個人差距

有時候，人類即使在獨處狀態下性格溫和，但一待在群體中卻會採取邪惡的行動，這就稱為**路西法效應**。名稱是源於路西法由天使墮落為惡魔。任何人都可能因為環境而成為壞人，在團體中霸凌他人或在封閉環境中做出虐待行為。

?

置身在集團中，責任能力就變得稀薄，

有時會因此變得具攻擊性。

人類置身於群體中，思考有關對方（個人）的惡劣性時，責任能力會變得稀薄，有提高殘酷行為的傾向。同時也會因為強烈的恐懼或壓力而喪失意志決定能力或責任能力。另外，遭受痛苦的人，一旦成為施加痛苦的一方，**將強化路西法效應，即使理解有多痛也不會手軟**。

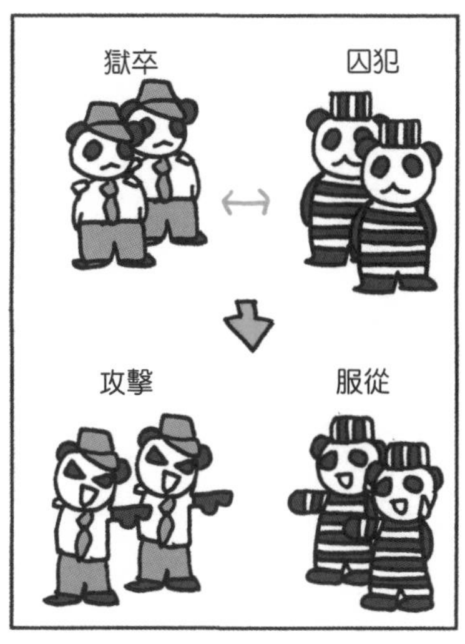
獄卒
囚犯
攻擊
服從

實驗

史丹佛大學心理學家金巴多教授，在一個模擬的監獄，公開招募參加實驗的人，分別扮演獄卒及囚犯，進行角色對於人類行為會產生什麼影響的實驗。
結果扮演獄卒的人逐漸變得具**攻擊性**，而囚犯角色則變得**順服**，而且他們的行為越來越變本加厲，獄卒甚至任意懲罰囚犯，做出失控行為，迫使實驗在第六天中止。

貓熊老師運用的心理學祕技

欺負他！
這就是那個心理效應！
幹吧！
不要做這種事！

如果不知道有這樣的心理效應，人會輕易地變成壞人喔！要是在某個團體中形成一股「我們來嚴懲某個人」的氣氛，希望你能想起這個心理效應。當團體的惡劣行徑變本加厲時，將使人不由得做出惡劣的行為。所以，這時應當出聲制止，「停止這種行為」，因為**以行動抑制情緒是很重要的**。

相關效應

→ 角色效應（P60）→ 去性格化（P38）

時近效應

總之根據最後聽到的內容來判斷，你有罪！
不會吧？

中
心理效應

中
個人差距

受到最初見到的事物影響而一直殘留的印象稱為初始效應，相反的，也有受到最後接受的印象而產生強烈影響的效應，稱為**時近效應**。美國的模擬審判實驗中，調查提出證詞的時機與陪審員所受的影響，發現給予數量龐大的資訊時，陪審員容易受到最後獲得的資訊影響。

視覺

視覺資訊容易產生初始效應

○○○
○○○
○○○

資訊龐大的言語容易產生時近效應

我們都知道視覺資訊等容易受到一開始的印象強烈影響。因此，外表會造成最初印象的重要衝擊。但是，分量多的言語資訊，重要的內容**最後再說才是巧妙的表現**，談話中途所說的重要事項會被遺忘。

相關效應

→ 初始效應（P6）→ 錨定效應（P168）→ 峰終定律（P120）

史汀莎效應

對立情況多的對象，
多數都坐在面對面的座位。

中
心理效應

中
個人差距

大
男性效果

美國心理學家史汀莎，搜集會議中發言者心理與座位的研究資料發現：①對立意見多的對象多數都坐在對面。②對某個意見的反駁論點，容易緊接出現在該意見提出後的瞬間。③主導力弱的主席，容易和坐在對面者竊竊私語；主導力過強的主席，則容易和隔壁座位的人竊竊私語。

似乎會提出反對意見的人，

讓他坐在隔壁是有效的策略。

這就稱為**史汀莎效應**。或者稱為史汀莎三原則。就算座位空著，也要注意打算坐在自己對面的人。如果有似乎會提出反對意見的人，不妨事前讓他坐在旁邊，可以讓對方較難以提出反駁意見。

相關效應

→ 個人空間（P10）

錯誤共識效應

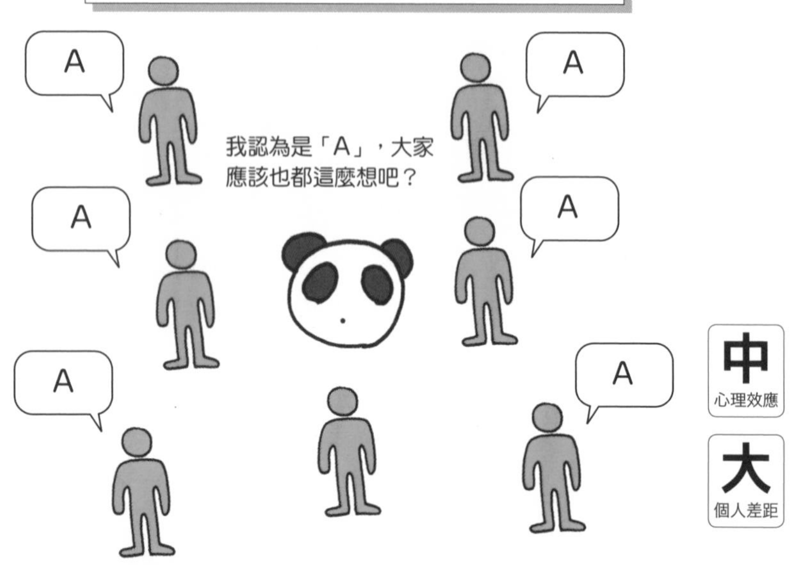
A
A
我認為是「A」，大家應該也都這麼想吧？
A
A
A
A
中
心理效應
大
個人差距

人們對於各種事物都抱持不同的見解，卻**容易認為他人都和自己抱著相同思考**。比方說覺得某個商品很便宜時，就會擔心大家也認為很便宜，商品是不是很快就會賣光；或是觀賞電影時覺得感動，認為別人也會同樣感動。

別人應該都會贊同我的意見。
他好像有點誤解了。
這個效應強烈的人，
要注意溝通問題。

所有人應該都有相同的想法；認為自己的意見應該是多數派的心理，稱為**錯誤共識效應**。這種感受強烈的人，覺得他人和自己意見不同很不可思議，要注意溝通方面會出現障礙。

相關效應

→ 從眾效應（P26）

我的性格？他人的性格？

第2章
性格心理學
接下來我們看看
有關自己的心理
效應吧！
自己

第一章我們看到與他人有關的心理，第二章我想解說有關自身的心理效應。形成性格的主要因素、具代表性的性格分類，究竟性格是什麼樣的東西，我將解說著名的效應。

顯意識

意識有如浮上海面
的冰山。

大
心理效應

「下個轉角右轉」、「A和B的話，就決定選A吧」，我們內心產生各種思考而後行動。像這樣在內心下判斷意識清楚的部分，稱為**顯意識**，也稱為表層意識，當煩惱或不安等情感產生，能控制理性思考選擇或行為。

判斷
比較　分析
喔～

一般說到「意識」，指的都是顯意識。透過視覺、聽覺、觸覺等感覺搜集而來的資訊，和過去記憶比較、分析、評價、判斷，而後付諸行動。

相關效應

→ 潛意識（P69）→ 周哈里窗（P75）→ 投影法（P76）

潛意識

潛意識是沉沒水中
看不到的部分。

大
心理效應

顯意識是人們以實際思考的事情控制行為表現。不過，人類內心還有自己沒有察覺（沒有意識到）的部分，這就是**潛意識**。明明想著「下個轉角向右轉」，卻莫名地向左轉；想著「A和B的話，就決定A吧！」卻不經意地拿了B，這就是潛意識的作用。

意識的絕大部分其實都是潛意識，

直覺
哇！
莫名地
這麼想

表層看不到的處於沉睡中。

一般認為人的整體意識中，顯意識只占了一小部分，剩餘的絕大部分都是潛意識，沉睡在意識的深處。潛意識中積累的是過去的思考、學習，有時基於直覺而出現。

相關效應

→ 顯意識（P68）→ 周哈里窗（P75）→ 自我應驗預言（P91）
→ 閾下刺激效應（P106）→ 鏡像效應（P150）

性格

喜歡與人打交道的貓熊

性格內向的貓熊

所謂性格指的是人的個別特徵，當事人獨特的思考傾向、行為傾向，不是身體壯碩或瘦小等身體特徵，而是「有什麼樣的思考」這樣的內在特徵。另外，性格上也有**獨特性及一貫性**。比方說被別人說壞話時，有人會大發脾氣，有人則會自我反省。這是因為每個人都不一樣，面對狀況會因為性格差異而出現獨特性。

獨特性
無動於衷

每個人被罵的反應都不同。

一貫性
懶洋洋

平時怠惰的人多半做什麼都提不起勁。

所謂的一貫性，指**即使狀況發生變化，思考及行為仍然沒有改變**。不會整理辦公桌的人，多半家裡的書桌也不會整理。有時並非暫時的變化，而是自己所具有，固定的思維、行為模式。

・外向的
・眷戀性
・自然性
・情緒性
・遊戲性
・內向的
・分離性
・統御性
・非情緒性
・現實性

研究

將性格分類的方法有很多，各式各樣的研究可說百家爭鳴，「**五因子說**」是其中一種。比方說把外向或內向分成五個規模來評價分類。

※內容及名稱因不同研究者而有差異，所以簡單歸納如下：

①〔**外向的⟷內向的**〕

②〔**眷戀性⟷分離性**〕

③〔**統御性⟷自然性**〕

④〔**情緒性⟷非情緒性**〕

⑤〔**遊戲性⟷現實性**〕

貓熊老師運用的心理學祕技

人們很喜歡為事物分類，血型性格診斷也是如此。

A
B
O
AB

但是，要知道也有人並不喜歡。

你是B型？ A型（真煩）

人們很喜歡為事物分類，也熱衷性格分類。你應該常聽到有人說血型A型的人較細膩、O型的較樂天派等「血液性格診斷」。血型性格診斷源起於日本，只有在一部分的亞洲圈使用。血液左右性格的重要因素至今仍無法驗證，科學證據研究薄弱，持否定看法的研究占多數。而且，血型診斷就如同個人信仰，有人堅信不疑，有人則強烈否定。因此，就算找不到話題，在成人世界有關血型性格的話題，我認為「不要主動講述、提起」，才是聰明的做法。

相關效應

→ 人格與氣質（P72）

人格與氣質

小動物們呀！
你們要是肚子餓，
儘管把我的飯拿去吃吧！
貓熊老師這番話，
人格實在太高尚了！

和性格相似的用詞還有「**人格**」一詞。一般人提到人格，通常視作其他意義來使用，常用於讚美一個人的性格。例如提到一個人「有人格」，指的是具有高尚的品格。人格加上性格的行為模式或思考傾向，通常是指具有智慧、寬容等良好特質。

性格是一個人的行為、思考模式。

人格比性格更常用在評價方面。

扮鬼臉

氣質是天生擁有的性格傾向。

心理學領域人格一詞的英文是**personality**，源於拉丁文的persona，指劇場所戴的「面具」；性格一詞則是**character**。「character」在日本通常指的是電影或遊戲中出現的登場人物。另外，也要注意人格和性格原本是不同的用詞，但有些情況指的卻是相同意義。

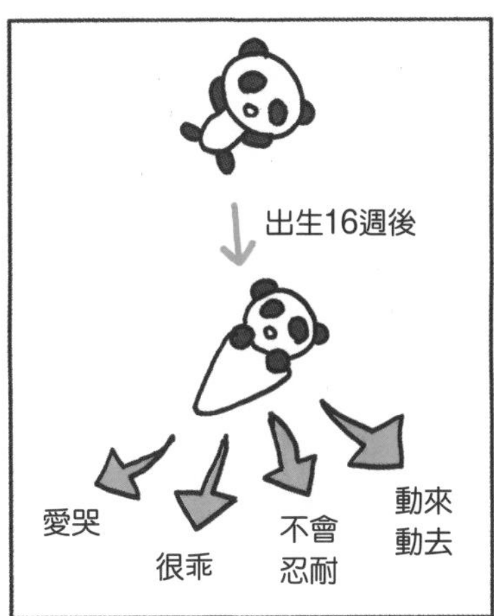
出生16週後
愛哭
很乖
不會
忍耐
動來
動去

研究

性格、人格，類似的用詞還有「**氣質**」。這是從幼年時期開始出現的性格特徵，多半指形成性格基礎的基本特質。

氣質包括指反應靈敏或遲鈍、心情是否容易起伏還是沉穩。近年來的研究，證實嬰兒的行為模式也各自不同。根據美國的研究，一個人的氣質傾向在出生後十六週顯現。

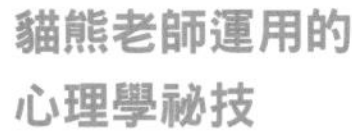
貓熊老師運用的
心理學祕技

性格由氣質和環境形成
氣質
環境

50%
50%
氣質
環境

性格能改變嗎？這個疑問時常成為人們討論的話題。就連專家的見解也分歧，有人認為性格形成是天生的「氣質」，以及教育方法、父母思維等「環境」賦予的影響參半。**想要改變性格的人**，建議先要「客觀了解自己的性格傾向」、「試著改變環境」、「試著接觸新思維」。

不是因為性格改變，行為才改變。而是行為改變後，在不知不覺間性格改變。當行為改變，周圍的評價就會改變，這又會帶來行為的改變，然後改變性格。首先試著先付諸行動吧！這就是祕技。

相關效應

→ 性格（P70）

自我認同

光睡大頭覺
就能受歡迎
酷企鵝
像自己……

所謂**自我認同**指的是自我同一性，簡單說來就是做自己、像自己。是一種了解究竟自己是什麼樣的人、和他人有所區別的概念及想法。這是美國精神分析家艾瑞克森提出的概念。

如何接觸……
不怎麼想和其他的貓熊
在一起……

原本人們在青年期應當會透過「我是誰」、「我該做什麼」、「我該如何與人接觸」等問題，來得到「自己究竟是什麼樣的人」的概念。然而近來**已經成年卻未確立自我認同的人**逐漸增加。人在青年期體會感受「這才是真正的自己」極為重要。

相關效應

→ 性格（P70）→ 人格與氣質（P72）→ 彼得潘症候群（P200）
→ 灰姑娘情結（P199）

周哈里窗

Ⓐ

		自己	
		知道	不知道
他人	知道	開放的部分	隱藏的部分
	不知道	盲點的部分	未知的部分

Ⓑ

他人 \ 自己		
	開放我 →	盲目我
	↓	
	隱藏我	未知我

如同Ⓑ圖般，公開對他人隱藏的部分（縮小），開放我的部分就會擴大，未知的部分因而能縮小。

自認為是自我性格的部分，其實只是**自我整體性格中的一小部分**。自我其實還潛藏連自己也不知道（表層意識無法認識）的部分。透過公開（開放）自我，能減少自己未知的部分，對於和他人圓滑溝通有助益的概念，是由心理學家喬瑟夫及哈利提出的**「周哈里窗」**。

這是將自身的訊息區隔為四個區塊，從自己知道的我、自己不知道的我、別人知道的我，以及別人不知道的我，相互組合後，形成如Ⓐ圖般的四個部分。

從這個圖可以一目瞭然：藉由他人指出自己不知道的部分，公開自己隱藏的部分，能**擴大「開放我」**，結果就如同Ⓑ圖般，**縮小自己及他人不知道的未知部分**。

相關效應

→ 顯意識（P68）→ 潛意識（P69）→ 性格（P70）
→ 人格與氣質（P72）

投影法

前面主要說明的是有關性格的基本內容，那麼，你是什麼樣的性格呢？

了解性格、性格測驗的方法五花八門，這裡介紹簡單但可以深度了解的方法。只需要以「我……」為開頭，寫出二十個句子。不需要想得太深入，只需不斷列舉出來即可。

了解自我的測驗

1. 我……
2. 我……
3. 我……
4. 我……
5. 我……
6. 我……
7. 我……
8. 我……
9. 我……
10. 我……

⋮

19. 我……
20. 我……

限制時間5分鐘

這是「**投影法**」的一種，也稱為「我是誰？測驗」、「WAI技法」、「20問法」。是利用籠統的刺激讓參加者答出浮現的想法的手法。
那麼，在限制時間內你完成了多少句子呢？一開始應該可以回答幾個句子吧？但是，可能半途開始覺得想不太出來。

我喜愛優雅的時間

一般而言，多半會寫出「我是上班族」、「我住在〇〇」等有關自己所屬、性別、年齡的句子，或是「我喜歡打掃」等**有關嗜好、表層性格的句子**。

我喜歡貓熊人

但是，這些寫完後，接下來就會出現「我想去外國」、「我想做〇〇」等**意識化的欲求、願望**。再進一步思考時，**無意識的欲求或受壓抑的煩惱**就會浮現腦海，有時即使想到了也很難寫在紙上的想法。

其實我……

偷看

換句話說，最初是「原本就是任何人都知道的我」，其次是「較上層的意識具有的欲求、願望」，接著是傾向出現「未意識到的欲求、煩惱」等，最後才能看見平時沒有意識到，**沉睡在內心深處的想法**。
這是一個了解自我契機的測驗，不妨也向家人或朋友推薦試試看如何呢？

相關效應

→ 性格（P70）→ 潛意識（P69）→ 顯意識（P68）

克萊什默性格類型論

以體格來分類性格而著名的理論是**克萊什默性格類型論**。這是德國精神科醫師克萊什默，根據他的臨床經驗，歸納出「體型和性格的關係」。

瘦長體型的人較多具矛盾的氣質，多數屬於「非社交性」、「安靜」、「克制」，較容易害羞的神經質類型。他們同時具有容易受傷的敏感性，及對周遭不關心的鈍感性。有些人則常被人說搞不清楚他們在想什麼。敏感和鈍感程度，可能也都是因為他們不擅長與人建立關係的特質。

瘦長體型的人矛盾氣質	・性格認真 ・不擅長與人建立關係 ・神經質傾向

克制？

鬥士體型（肌肉型）的人，則多數具有執著氣質，「頑固」、「一絲不苟」、「堅忍不拔」、「固執」等性格。因為太認真而缺乏彈性，仔細卻對事物過度執著，超過分寸。有些人則是平時彬彬有禮，但是偶爾會爆發而使周圍的人驚訝的類型。

- 很執著
- 對事物很固執
- 有時會突然爆發

固執的類型？

鬥士體型的人
執著氣質

肥胖體型的人多數具有循環性氣質（愉快情緒與抑鬱情緒循環交替），基本性格屬於「社交型」、「善良」、「親切」、「溫厚」等。而且開朗活潑的外向特質，和文靜的陰鬱氣質交織。有時怒氣沖沖，有時又非常冷靜，是很容易了解但不穩定的類型。

肥胖體型的人
循環性氣質

- 親切
- 同時具有活潑及安靜特質
- 不穩定的類型

不安定耶。

相關效應

→ 性格（P70）→ 潛意識（P69）→ 顯意識（P68）

自尊情感

尊

大
心理效應

大
個人差距

大
男性效果

任何人都會認為自己有價值，不比他人差，這樣的情感稱為**自尊情感**。自尊情感高的人，因為知道自己具有的價值，不會受到他人評價左右。不論他人說什麼都能寬宏應對；相反的，自尊情感低的人，反而會老是自我炫耀的人，但只要旁人不承認他有價值，他就無法認同自己。

我來做！

自尊情感高時

怎麼可能全部讀完？

自尊情感低時

自尊情感高的人，即使遇到困難也會執著努力，跨越難關；**自尊情感低的人，很容易輕易就放棄**。常有人和「自負」一詞混用，但兩者其實稍有差異。自負是和他人比較而生的情感，自尊情感則是不被他人傷害的強烈自尊心。

我並不比他人差，
我是一個有價值的人？
回答吻合的比例？

美國約89%

中國約96%

日本約38%

調查

根據日本、美國、中國的高中生意識調查，對於「我並不比他人差，是**有價值的人**」之提問，回答「非常符合」、「大致符合」的比例，相較於美國約89%、中國約96%，日本只占了38%相當低的比例。
雖然也有可能是因為日本的民族性，其中有些回答只是謙虛，但為了栽培能夠在國際間活躍的日本人，提高自尊情感及自我肯定感，是今後日本教育環境的課題。

貓熊老師運用的心理學祕技

建立自信並不是設定遠大的目標，
遠大的目標

而是設定小小的目標，並且讚美達成目標的自己。
目標
目標
目標
我做到了！

提升自尊情感是有方法的，重要的是先**接納自己否定的部分及較弱的部分（完完全全接納）**，然後積極投入。必須相信自己的可能性，不要介意他人評價。設定目標，達成時讚美自己，建立自尊情感。關鍵是不設定大目標，而是**設定許多小目標**。另外，人並不是完成什麼才有價值，請對努力過的自己，試著出聲說「謝謝」。

相關效應

→ 性格（P70）→ 自我設限（P93）

心理防禦

人類為了防止自己受傷害，會有下意識保護自己的心理活動。比方說企圖削弱不安的情緒、轉移、轉化或改變看法等，以求保持安定的狀態，這就稱為**心理防禦**。心理防禦有健全、不健全等形形色色的種類。

◎壓抑

心理效應（大）個人差距（中）

置身於有人說自己壞話的現場，卻置若罔聞；目睹有人做壞事，也視而不見等，封閉內心深處的想法、情感的心理。因為以表層意識去思考很痛苦，所以就送至意識深層的防衛方法。是心理防禦的一種代表做法。**壓抑是保護內心的重要功能**，並不能單純說是一種不良的方式。

溜走

◎合理化

心理效應（大）個人差距（大）

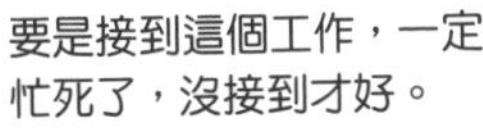
要是接到這個工作，一定
忙死了，沒接到才好。

針對沒有得到結果，說些不服輸的話，或是看開一切，轉念告訴自己沒有錯的思維，就稱為**合理化**。簡報輸給對手公司，生意被搶走時，告訴自己這門生意不好做，沒有拿到生意反而幸運。不順利時若承認是自己的錯，自尊情感會受損，因此便編造理由，企圖說服自己。常見於自尊情感低、精英意識強烈的人身上。

◎投射

心理效應（大）個人差距（大）

有時候我們會看到有些人指責他人，「那傢伙很性急」、「小氣」等，但仔細一想，指責他人的人，本人才是性急、小氣的人。這就稱為**投射（投影）**，不想承認自己的缺點時，硬是給他人安上缺點加以批評的心理防禦。

你才小氣！
小氣！

◎轉移

心理效應（中）個人差距（大）

沒人喜歡你！
你沒人愛。
可惡！

被前輩罵了以後，為了出氣而罵後輩；挨了上司罵而把不愉快的心情遷怒給部屬等，無法適當發洩情緒，或是無法得到社會認同時，轉嫁到身邊的人事物來消除不滿以得到滿足的行為。

心理防禦

◎否認

心理效應（中）個人差距（大）

比方說，朋友或家人去世，強烈悲傷來襲時，顯意識無法接受發生的事實，因而否認事情並未發生。

「壓抑」是下意識地把不愉快的事情趕出腦海；「否認」則是把發生的事實當作不曾發生過。

無視－

既然沒辦法變成鳳頭黃眉企鵝，就當作世上沒這種企鵝。

◎仿同

我變成鳳頭黃眉企鵝了！

你誰啊

心理效應（中）個人差距（大）

女性效果（大）

有時憧憬某個瀟灑的藝人，就會下意識地模仿；當情敵出現，就不自覺地模仿情敵的行為舉止，這就稱為仿同。企圖藉由接近憧憬的對象或情敵，滿足欲求。

◎抵消

心理效應（中）個人差距（大）

女性效果（大）

有時責備對方後，又連忙想要討好對方，這是因為做了抱有罪惡感的行為，想試圖抵消該行為的心理防禦機制。有時覺得不愉快或覺得自己有錯時，為了想要消弭這樣的感受，會反覆去做這些不愉快或錯誤的事情。

剛剛說你沒人愛，其實我覺得還是有人喜歡你。

◎反向作用　心理效應（中）個人差距（大）

欺負喜歡的人，或明明喜歡的東西卻說討厭，這就稱為**反向作用**。是為了不讓人看穿真正的心情而採取的行為。年幼的孩子常做出的行為表現，也可以說是一種幼稚的防禦心理。有些膽小的人為了怕別人看穿反而亂發脾氣，也是成年人會有的行為表現。

最討厭
貓熊了！

◎昇華　心理效應（中）個人差距（大）

雖然有愛慕的人，因為無法交往，所以徹底投入讀書或運動的心理，或是無法從事喜愛的事情，所以就從事志工等社會活動，這就稱為**昇華**。滿足欲求有困難時，以實踐其他事項來滿足。和「轉移」乍看之下很相似，卻是一種挑戰困難，尋求社會認同，昇華成追求更高目標的健全心理防禦。

◎退行　心理效應（中）個人差距（大）

覺得無法突破現狀時，以回到過去的狀態企圖保持平常心，心理學上為人所知的就是「回歸幼年期」的現象。

◎抽離　心理效應（中）個人差距（大）

從現實中發生的事情抽離情感，宛如旁觀者般看待。把發生在自己身上的事情，說得像是發生在他人身上的事情。

◎逃避　心理效應（中）個人差距（大）男性效果（大）

藉口「身體突然不舒服」，逃避重要的場面或困難的狀況，這就稱為**逃避**。是一種從現場逃離以減輕心理負擔，達到自我保護目的的心理防禦。

類似項目／相關效應

→ 性格（P70）→ 顯意識（P68）→ 潛意識（P69）→ 自尊情感（P80）

安慰劑效應

其實只是汽水。
來，
會變得受歡迎的藥。
藥

中
心理效應

大
個人差距

心理上深信不疑對身體也會有實際上的影響。特別常運用於醫療現場。有時開沒有藥效成分的安慰劑（偽藥）給病患服用，而患者的病況真的好轉，這就稱為**安慰劑效應**。可能是「一定有效果」的自我暗示或和給藥者之間的信賴關係產生的影響。

是營養劑。
我覺得好有效。
←（其實是果汁）

精神狀態容易受影響的疾病、失眠或精神性腹痛，容易產生安慰劑的影響。認為高價的營養劑容易有效果，喝了以後精神變佳，也是安慰劑效應強烈的關係。也稱為偽藥效應、代設劑效應。

相關效應

→ 自我應驗預言（P91）→ 標籤效應（P95）

卡利古拉效應

禁止放映的
那部電影上映了
貓熊女戰士

一說禁止反而
想看看。
也不完全是這樣。

大
心理效應

大
個人差距

你是否有過這樣的經驗？看到寫著「禁止進入」，反而產生想進去看看的念頭。聽到對方說「不准看」，反倒產生想要看的欲望，這就是人類心理。一旦被禁止，更想去試試看的心理，稱為**卡利古拉效應**。名稱由來是因為內容過激的電影《羅馬帝國艷情史（暴君卡利古拉）》，在部分地區禁止公開上映，反而更挑起人們的興趣。

禁止進入
想進去看看。

禁止進入
不准進去！

遵命！

靠近有權力者，受到命令，雖然不會反抗……

人們對於擁有強權者，如果是就近接受命令，雖然會順從，但距離遠了，遭到一方強制（禁止）者則會產生反抗，企圖獲得自由。這個效應廣為人知，情色電影的宣傳與其打著「熱映中」、「大家都在看」，不如宣傳「**禁止上映**」、「**不要看**」更能挑起人們的興趣。

相關效應

→ 米爾格倫效應（P40）→ 羅密歐與茱麗葉效應（P140）

巴南效應

- 你會顧慮到現實，但也有浪漫的一面。
- 大家都認為你埋頭苦幹，或覺得你很有心要努力。
- 懷有夢想。
- 希望能與他人建立良好交情。

小波的性格
診斷。
其實我是隨
口掰的。

大
心理效應

中
個人差距

性格診斷或占卜等，雖然寫的是適合任何人的一般內容診斷結果，卻會令人覺得「這就是在說我」，這樣的心理效應就稱為**巴南效應**。這個效應在心理效應中是相當強烈的一種，也被認為多數人都符合。覺得發言者具有威嚴，內容積極、抽象時，巴南效應的影響更為強烈。

嗯，嗯。
被你說中了。

小波似乎有浪漫
的地方喲。

聽起來很中聽的內容 → 毫不懷疑就信了。

使用巧妙的手法在全國巡迴演出馬戲團而成功的巴南為名稱由來，但也有人說是來自美國心理學家佛瑞，稱為**佛瑞效應**。

這是A型性格。
其實是B型。
說得真準！
B型

實驗

在血型性格診斷的實驗中，把有關A型性格的描述內容直接給B型的人看，結果有九成的人表示吻合。另外，心理學家佛瑞把一些星座占卜的文章排列組合後的內容，作為性格分析給學生看，結果多數學生都表示分析結果符合他們的性格。類似「你擁有浪漫的一面」之類的描述自不在話下，「你的願望有稍微非現實的傾向」等，仔細一想是理所當然的說法，**多數人卻不會加以否定而照單全收**。

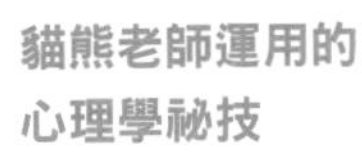
貓熊老師運用的
心理學祕技

你有煩惱對吧？
嗯。

要買幸運壺。
我買！

巴南效應是占卜師經常使用的一種技巧。先說出符合多數人的描述，讓對方覺得「你怎麼知道？」取得信任的技巧。這也可以運用在工作或戀愛方面，事前準備好符合多數人、會令人開心的正面描述，在進入正題前的閒聊，插入這些描述，當對方接受一定的資訊量時，就會產生信賴，**「這個人真的了解我」**。記得不能用來做壞事喔！

相關效應

→ 麥拉賓法則（P98）

蔡戈尼效應

之後會變成什麼樣子呢？
真令人在意～
未完成
興奮期待

中
心理效應

中
個人差距

無法達成或中斷的事物，比已完成、達成的事物印象更深刻的一種心理，這就是**蔡戈尼效應**。命名來自發現這個現象的心理學家蔡戈尼。因為沒有時間無法讀完，比讀到最後的漫畫記憶更深刻；未完工仍在建設中的道路更引人好奇，可能也是受到這個效應的影響。

是嗎？
在意度
和某人談話時，
上升
咦？
下次見。
在意度
中斷時在意程度會增加。

在派對與人交談時，不是有話聊說到沒話聊，而是在氣氛熱烈時悄然離席更有效果。對方因為在談話意猶未盡之際中斷，對你應當會留下更深刻的印象。（詳細內容可參考P120的「峰終定律」）

相關效應

→ 峰終定律（P120）

自我應驗預言

呼嚕呼嚕大睡的
貓熊喲。
太狡猾了！
因為睡大頭覺的
貓熊好像比較受
歡迎，所以無可
奈何……

中 心理效應

中 個人差距

認為「血型性格診斷結果很正確」時，有時會讓自己刻意符合結果，比方說A型的人一絲不苟等。說或寫下認定的事或期待，覺得自己實際上應該是那個樣子，逐漸就會接近那種狀態，這就稱為**自我應驗預言**。

寫在紙上　　在大家面前說出來

在紙上把願望寫下來，更容易實現願望；對別人宣誓目標後，目標更容易達成，也很有可能是自我應驗預言的效果。這也是一種自我暗示，想要達成什麼願望時，**把它說出來，強化成功的想像是很重要的**。

相關效應

→ 思維控制（P59）→ 潛意識（P69）
→ 畢馬龍效應（P44）→ 宣誓效應（P96）

刻板印象

所謂
stereotype
是指——
立體聲？
英國人都很
「紳士」
日本人都很
「勤奮」
德國人都喝
「啤酒」

大
心理效應
中
個人差距

我們看待事物時，很容易受到先入為主、成見、既定觀念的強烈影響。比方說英國人是紳士、日本人都很勤奮等印象。然而實際上英國人未必都是紳士，日本人是不是都很勤奮，只要是日本人應該都心知肚明。

勤奮的人明明只占一小部分，

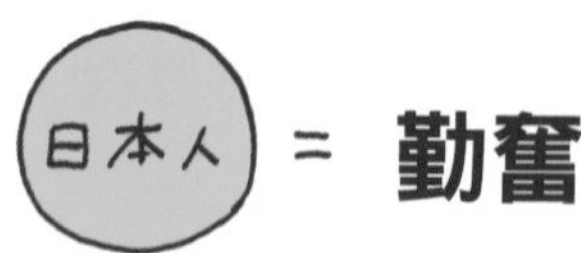
日本人
＝
勤奮

持有全部的人都符合的偏見。

像這樣的觀念就稱為**刻板印象**。名稱由來是出自印刷模版（鉛版），就如同蓋章般抱著同一印象而產生這個用詞。人類很喜歡依據名稱把人加以分類。由於刻板印象很容易在不自覺間含有歧視意義，使用時應當要注意。

相關效應

→月暈效應（P22）→代表性（P182）

自我設限

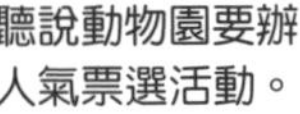
聽說動物園要辦
人氣票選活動。

我有點感冒的樣子，
氣色也不好……

中
心理效應

大
個人差距

有些人會在考試或重要的工作之前，向友人、同事宣稱「身體不舒服」。這被稱為是**自我設限**的行為。當面對重要的局面，事前先宣稱自己處於不利狀況，當實際成效不佳時，就能成為藉口的自我防禦方式。

先說我好像感冒了，
如果成績不理想，
就能當作藉口。

若是順利的話，
狀況不佳卻有好成績，
就更棒了……

使用自我設限的人動不動就會說「睡眠不足」、「有感冒症狀」等說詞。尤其常發生在自尊情感低的人身上，總是很在意他人的評價。因為也有把責任推卸給別人的傾向，最好要注意。

相關效應

→ 自尊情感（P80）→ 心理防禦（P82）

蜜月效應

甜蜜恩愛

中
心理效應

大
個人差距

新學年換到新班級、成為社會新鮮人剛開始上班、因為公司組織變動而有人事異動等改變環境的狀況，會使人在短期間心情高漲，這種心理效應稱為**蜜月效應**。就如同和心愛的對象成為夫妻，心情更加高亢的蜜月期狀態。

職業運動換了教練時就是蜜月效應狀態。

只不過，效果大約只能維持六週。

在新環境心情轉變，不僅能因而感到心情愉悅，也能帶來切身相關的利益。在一成不變的環境，既定的評價，需要**更大的努力**才能變更，但是在新的場所自己的評價等於從零起步，能**更有效率地**獲得良好評價，容易更有幹勁。

相關效應

→ 柯立芝效應（P145）

標籤效應

不知不覺地變得
好棒！
好！
咦？
小波總是
超級努力！

中
心理效應
中
個人差距

「你真是拚命三郎」、「你總是那麼善解人意」，像這樣告訴對方「〇〇家」、「〇〇的人」、「〇〇類型」，即使和事實有一點差距，也會產生真的是這樣的心理。宛如為對方貼上標籤的行為，稱為**標籤效應**。

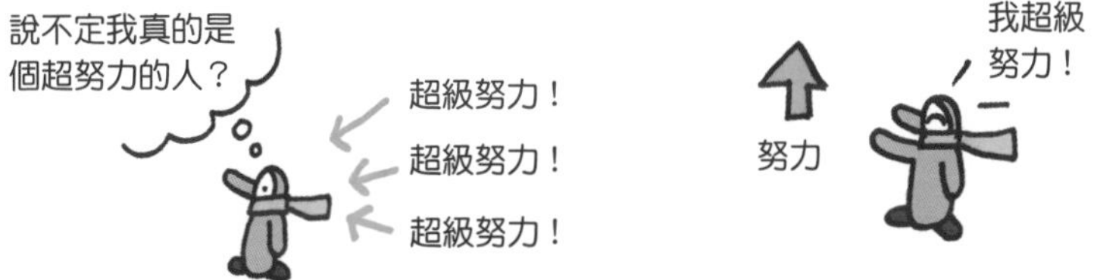
說不定我真的是
個超努力的人？
超級努力！
超級努力！
超級努力！
努力
我超級
努力！

比方說，一再地說「你真是拚命三郎」，就會形成一種暗示狀態，會產生「我是拚命三郎」的潛意識，於是就會努力**讓原本的自己接近這個狀態**。如果為對方貼上不好的標籤，就會使對方變本加厲，因此希望你能盡量為別人貼正面的標籤。

相關效應

→ 自我應驗預言（P91）→ 潛意識（P69）→ 思維控制（P59）
→ 角色效應（P60）→ 刻板印象（P92）

宣誓效應

我要成為動物園的
人氣動物！

中
心理效應

中
個人差距

減肥、每天用功讀書很難持之以恆。但是為了能夠持續下去，有很好的方法，那就是不斷在很多人面前「宣誓」會持續下去，這就是**宣誓效應**。**在眾人面前大張旗鼓地宣誓，就會產生不輕易放棄的心理作用**。這個效應和覺得受到注目，效率因而提升的霍桑效應很相似。

我要努力做到
成為第一名！
宣誓自己的目標，
如果順利達成就獎賞。
獎賞也很有效果。

為了繼續持之以恆，「目標」也很重要，同時宣稱「要做到什麼程度」，持續效果更佳。也可以設想達成目標時要送自己什麼禮物。這稱為**獎賞效應**，是一種覺得能獲得報酬時就能持續努力的心理效應。

相關效應

→ 霍桑效應（P30）→ 自我應驗預言（P91）

第3章 認知心理學

五感與心理不能忽視的關係

接下來就來說明看得
到、聽得到的事物與
心理的關係吧！

據說人類有八成以上的訊息仰賴視覺。然而視覺卻意外的不可靠。這一章要解說的是知覺、記憶、思考等有關人類認知的心理效應。

麥拉賓法則

小波！
給我過來！
說話內容
外表
說話方式
表情一副很可愛的樣子，其實在生氣？

大
心理效應
中
個人差距

發送訊息者提供矛盾的資訊（比方說摻雜好意、反彈的資訊）時，法則上以視覺資訊為優先。比方說送禮的對象發出「好開心」的言語訊息，但視覺資訊收到的動作、態度，是一副很無聊的樣子，這時候接收到發訊者的情感是「以視覺資訊為優先」，所以就會傾向認為對方「其實並不開心」。

小波！
給我過來！
你在生氣嗎？
表情看起來很恐怖，
他真的在生氣……
溜走

這個法則稱為**麥拉賓法則**，無論如何都是發送矛盾資訊時的解釋，雖然只是「視覺資訊為優先」的結果，卻被**擴大解讀**為「人都是以外表下判斷」的觀點。

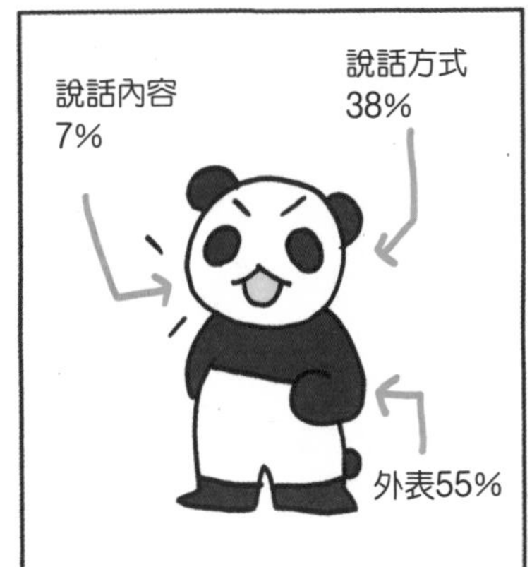
說話內容
7%
說話方式
38%
外表55%

研究

美國心理學家麥拉賓研究有關人在接收互為矛盾的訊息時，人們究竟重視的是言語、聽覺，還是視覺？結果發現，**外表占55%、講話方式占38%、說話內容占7%**。這個法則一般稱為**麥拉賓法則**，不過，也有取言語訊息（Verbal)、聽覺訊息（Vocal)、視覺訊息（Visual）三者字首而稱為3V法則，或是7-38-55定律。

貓熊老師運用的
心理學祕技

視覺、聽覺、言語資訊一致時，
這實在太棒了！

能增加信賴感，對於說話者的信任也會上升。
值得信任。
這實在太棒了！

麥拉賓法則指的是訊息矛盾的情況下產生優先資訊，反過來說，「發送沒有矛盾的訊息」，就能正確地發送訊息給對方。外表（視覺資訊）、說話方式（聽覺資訊）、說話內容（言語資訊）要能一致。提出請求時加上手勢、動作；反省時表現出反省的態度極為重要。**平時這些訊息傳送不一致的人，通常也不容易受到信任**，相反的，如果發送訊息能一致，就能提高信任度。這個法則可以運用在簡報、洽商、戀愛等情況，要努力讓這三者一致，以搏得信任。

相關效應

→月暈效應（P22）→巴南效應（P88）

暗適應

太暗
看不到。

正在放映電影的電影院等場所，從明亮的地點走進暗處時，黑漆漆的什麼也看不見。不過，即使一開始什麼都看不見，還是能慢慢分辨出電影院內的情景，這種習慣黑暗的現象稱為**暗適應**。這是因為視網膜內稱為「視紫質」的蛋白質功能影響（雖然是生物學的問題，這裡作為認知心理學的基礎知識來介紹）。

視紫質累積後可以產生感度。

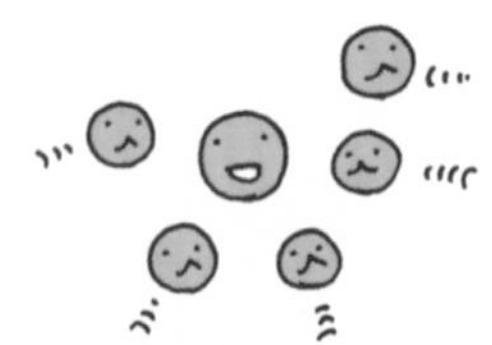

視紫質累積必須花一些時間。

亮度雖然是透過眼睛的視桿細胞感知，但視桿細胞必須仰賴視紫質的累積而產生感度，視紫質累積完成以前需要一些時間，因此眼睛在暗處要看得到必須花一些時間。

相關效應

→ 明適應（P101）

明適應

待在暗處一段時間後，突然走到光亮處，會覺得刺眼看不到，不由得瞇起眼睛避免光亮刺激。但過了一段時間眼睛就可以適應而看得見，稱為**明適應**。這是因為在暗處累積的視紫質影響，在明亮處感度會過強的緣故。

加油！
加油！
啵！
啵！
啵！

視紫質聚集需要一些時間。

分解速度較快，所以適應明亮的速度也很快。

視紫質的特性是接受光會分解，因此過一段時間就能和平時一樣看得見。視紫質分解花費的時間比累積快，所以人們由暗處到亮處，比由亮處到暗處適應速度更快，這是人類眼睛一項很有趣的功能。

相關效應

→ 暗適應（P100）

大小恆常性

B
A

A
B

大
心理效應

小
個人差距

當對象物距離產生變化時，外觀大小也會改變。但是人類視覺會自動修正物體大小。當汽車或人影等出現在視線範圍，由於了解物體原有的大小，因此能以這些物體為基準來加以比較推測。即使距離改變，看到的物體大小在經驗上仍不會因距離之不同而有所改變，這就稱為**大小恆常性**。

以上圖的貓熊插圖為例，左邊的插圖看起來並不會很奇怪，但是右圖畫的貓熊則是直接表現出原來的大小，A、B貓熊的尺寸差距很大。由於受到背景影響，大小恆常性在腦中擴大的緣故，右圖的尺寸差距看起來就會覺得很奇怪。

相關效應

→ 色彩恆常性（P103）

色彩恆常性

大
心理效應
小
個人差距

恆常性不僅出現在物體大小，也會呈現在色彩上。比方說在室內的日光燈下，和在戶外夕陽下看蘋果，顏色會有很大的變化。夕陽下的蘋果應該會比蘋果原本的色澤染上更多夕陽的色澤。

自然色澤的蘋果

夕陽
夕陽
夕陽

即使重疊上夕陽的色彩，大腦仍會修正為自然色彩。

然而人們並沒有認知到蘋果色彩的巨大改變，還是覺得蘋果和原本的色澤差不多，這就是**色彩恆常性**。即使由於夕陽的影響，光的波長產生很大的變化，大腦仍會修正色彩。這不是只有人類才有，昆蟲及猴子同樣也具備恆常性。

相關效應

→ 大小恆常性（P102）

黃金比例

1
1.6

中
心理效應
大
個人差距

對人類而言，有些比例莫名地看起來很舒服。巴黎的凱旋門、帕德嫩神殿等偉大的建築或藝術作品的設計都符合**黃金比例**。所謂黃金比例，大約是1：1.6，尤其是以縱、橫黃金比例形成的長方形（黃金矩形），常運用於生活周遭的事物，名片、信用卡等，都是極為接近黃金比例的設計。

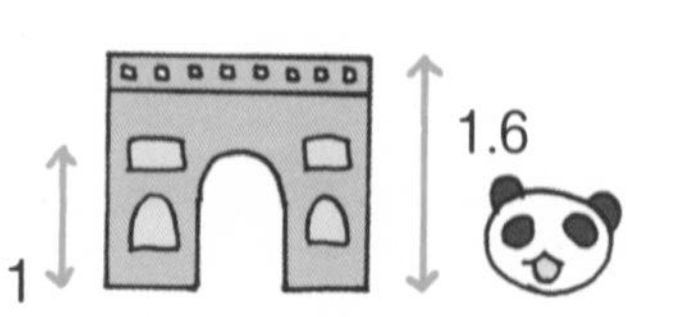
1.6
1

1
1.6

雖然黃金比例看起來特別美觀，但還未發現科學上的佐證，但很可能是因為歷史上被作為美學規範，因而以這個比例製造（多看效應）。雖然過去的時代黃金比例才美觀被多數人奉為原則，但在對於美學觀點多樣化的現代，符合這個比例**不再等於美學**。

相關效應

→ 白銀比例（P105）→ 多看效應（P111）

白銀比例

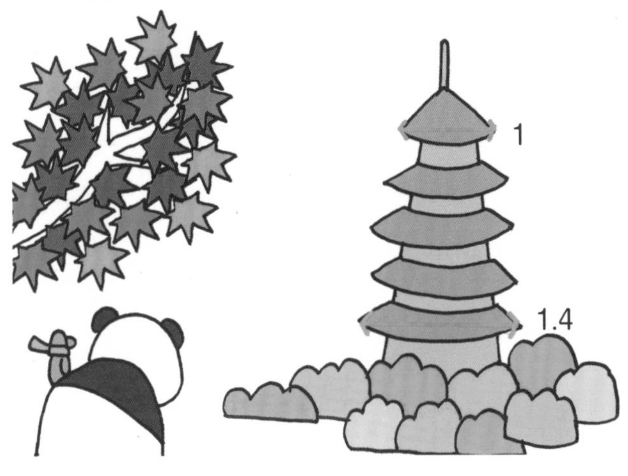
1
1.4

中
心理效應

大
個人差距

和黃金比例相較之下，日本從過去就崇尚1：1.4的**白銀比例**，認為更加美觀。這個比例運用於日本建築、雕刻、插花，也稱為大和比例。具代表性的實例有法隆寺五重塔、四天王寺用地的形狀等。

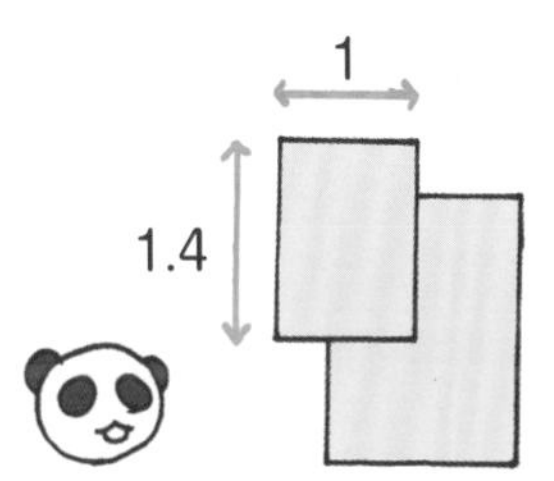
1
1.4

為了搏得人氣，弄成白銀比例。

日本人偏好白銀比例，也有可能是因為身邊的物品有很多是白銀比例。比方說A3、B4等A、B規格大小是白銀比例。A規格據說來自德國，B規格則據說是源於日本特有的規格，原本是江戶的公家用紙「美濃紙」。另外，令人意外的是五七五俳句也是白銀比例。

相關效應

→ 黃金比例（P104）→ 多看效應（P111）

閾下刺激效應

想吃爆米花
Pop

不明
心理效應

不明
個人差距

影像作品的畫面和畫面之間若插入無法意識到的短暫影像，對人們的潛意識產生作用，這就稱為**閾下刺激效應**。美國的電影院內在電影中插入可樂和爆米花的畫面，使得購買者增加的實驗喧騰一時。現在因為缺乏公平交易性而禁止使用，日本也禁止使用閾下刺激效應的影像作品。

沒有確實調查
公開表示其實是作假

・實驗室也有產生**閾下刺激效應**有效的結果。
・電影院進行的其他實驗，最後得到**無效**的結果。

然而，後來卻又公開電影院實驗的結果其實是作假，其他國家進行的實驗也沒有產生效果。然而，其他實驗中，知道商品而且有好印象的情況下，則會產生效果。或許閾下刺激效應在**符合某些條件的情況下會有反應**，但詳情如何目前仍然未知。

相關效應

→ 潛意識（P69）→ 庫勒雪夫效應（P108）→ 預示效應（P109）

夏蓬特錯覺

5kg
5kg

大
心理效應

中
個人差距

五公斤的鐵和五公斤的棉花，雖然是相同重量，但棉花卻讓人感覺較輕，這就是**夏蓬特錯覺**，或稱作「大小重量認知錯覺」。由於受到視覺看起來大小的影響，即使重量相同的物體，也會產生小的物體似乎較重的錯覺現象。

一定是這個
比較重。

棉花很輕的先入為主觀念誤導了真正的感覺。

人類很容易受到既定觀念或印象影響，這個印象也會發生在「重量」的概念上。相似的錯覺發生在色彩而導致感覺重量有變化的是**色彩重量錯覺**。

相關效應

→ 色彩重量錯覺（P193）

庫勒雪夫效應

中
心理效應

中
個人差距

指影片中插入的影像，會受到前面影像的影響。比方說一個面無表情的男性臉孔，分別銜接在「一碗湯」、「一個躺在棺材裡的女人」、「一個躺在沙發上的女性」影像之後，結果同樣的表情，卻分別給人「飢餓」、「哀悼」、「欲望」的情緒。

一碗湯的畫面 → 好像很好吃

遺體的畫面 → 悲傷

好像很好吃 → 貓熊的表情看似「飢餓」

悲傷 → 貓熊的表情看似「哀悼」

蘇聯導演庫勒雪夫透過實驗論證出這個效應，稱為**庫勒雪夫效應**。即使原本是毫不相關的事物，人們也會在潛意識中相互聯結而進行理解。

相關效應

→ 閾下刺激效應（P106）→ 模式妄想（P175）

→ 預示效應（P109）→ 脈絡效應（P112）

預示效應

說到蔬果的話……
番茄！

大
心理效應

中
個人差距

讓你先看「草莓、櫻桃、蘋果」的照片後，再問你「你會想到什麼蔬果」，很容易回答出「番茄」等和紅色相關的答案。由於受到事前所聽所見的事物影響，容易聯想到相關事物或容易記憶的心理效應，稱為**預示效應**。

紅色水果 → 紅色蔬菜
聯想到相關事物

山上真好！
對了！
山上和海邊你
喜歡哪個？
應該是山上吧……

這個效應經常運用於誘導技巧，把企圖引導出的內容，在事前閒聊中讓對方深烙於腦海中。或者是運用在設計問卷調查時，作答者自以為憑自己的想法回答，其實很容易**依循問題設計者的意圖回答（誘導作用）**。

相關效應

→ 閾下刺激效應（P106）→ 模式妄想（P175）
→ 庫勒雪夫效應（P108）

完形法則

有人臉！

大
心理效應

中
個人差距

一九七六年火星探測器海盜１號所拍攝的火星表面，出現奇妙的人臉圖案岩石。可以看得出眼睛、鼻子和嘴巴，引起許多看到圖片的人騷動，認為可能是火星人的建築。後來使用解析度更高的攝影機拍攝畫面後，證實只是天然的岩石。

看起來像人臉的岩石，

其實是影子的影響，看起來像人臉。

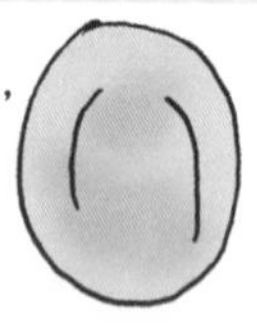

奇怪？

人類在理解圖像模糊的事物時，傾向單純化而不是複雜化，這就是所謂的**完形法則**。大腦對於人臉有認知，所以對於臉孔會產生較敏感的反應。能夠聯想到眼睛、鼻子、嘴巴的事物，就容易理解成是人臉。相似的情況還有在隨機資訊中容易用平時就熟知的模式，也是一種**空想性錯覺**的心理現象。這裡的情況是把岩石看成人臉。

相關效應

→ 模式妄想（P175）

多看效應

莫名地開始喜歡
獅子……

大
心理效應

中
個人差距

對於不是特別喜歡或討厭的事物，只要持續且反覆地看到，對於該對象物的好感程度就會上升的心理效應。喜愛廣告商品或對戲劇演員好感度上升，都可能是**多看效應**的影響。這個效應適用於人、設計、歌曲、言詞等，只不過，如果是厭惡的事物，持續反覆看到也不會提升好感，反而會加深厭惡的程度。

持續反覆看的結果，

容易喜歡所看到的事物。

原本多看效應最常運用於**照片**、**姓名**等事物。沒有必要連續讓對方看到，可以花時間分幾次讓對方看。一般來說最初的十次是多看效應最佳的時候，廣告的話，最初的十次如何有效讓消費者看到是一大關鍵。

相關效應

查榮克效應（P134）

脈絡效應

這是什麼？
13
是英文字母還是
數字呢？

大 心理效應

小 個人差距

言詞、文字、圖案會受到前後關係的影響，使得認知方式產生變化。比方朋友看著你的頭髮說：「顏色好漂亮」，一般都會認為就是指「頭髮」。但如果當時你手上拿著一疊摺紙或日本色紙，對方這麼說時，或許就會覺得對方講的是「紙」。根據情境不同而使得認知改變，這就稱為**脈絡效應**。

12 13 14
A 13 C

看到前後是數字，
可以判斷是「13」。

看到前後是英文字母，
可以判斷是「B」。

比方說，希望你看看上面的圖，究竟是數字「13」或是英文字母「B」，實在難以判斷。但是只要有前後的訊息參考，就可以得知究竟是數字還是字母。

今天我和爸爸、
媽媽一起到
上野的物動園。
那個地方有
貓熊。

實驗

在這裡實際做個實驗。請你不需要想太多，大致閱讀一下左邊的文章。這是一篇小孩子寫的圖畫日記。內容寫著和爸爸媽媽一起到上野動物看貓熊。不過，仔細一讀，寫的並不是「動物園」，而是「物動園」，我想也有人已經發現，因為**受到「上野」一詞的影響**，因而順理成章地讀成「動物園」，這就是脈絡效應。

貓熊老師運用的心理學祕技

不是普通地擺出來賣，
而是加上前後關係。
100元

山川先生細心以無農藥栽培的水果。

我想買！

做成蘋果派非常好吃！

脈絡效應在心理效應中也是影響強烈的一項。可以巧妙地運用在任何的狀況。想銷售某個商品的店家，不是只有把商品陳列得很漂亮，而是製造出這個商品更好的前後關係印象。比方說水果就介紹在什麼地方採下來的、在什麼樣的環境下栽培、把水果放在盤子上，呈現怎麼做吃起來更加美味，**提升消費者對水果的鮮度、品質、品牌的印象**。似乎可以運用在流行、嗜好等商品上不是嗎？

相關效應

→ 庫勒雪夫效應（P108）

波巴／奇奇效應

哪個是波巴？
哪個是奇奇？

大
心理效應

小
個人差距

以曲線構成帶圓潤感的圖形，以及以直線構成尖銳的圖形，說明兩個圖形命名一個是波巴，一個是奇奇。「哪個圖形是波巴？哪個是奇奇？」結果98%的人都回答帶圓潤感的圖形是**波巴**，尖銳的圖形是**奇奇**。即使年齡、性別、言語（國籍）不同，也幾乎得到同樣的結果。

選擇和發出「波巴」的
嘴形相似的圖形

選擇和發出「奇奇」的
嘴形相似的圖形

類似這樣言語音韻和圖形印象的關係，就稱為**波巴／奇奇效應**。據以推測圖形的視覺印象和聯想到的名稱、聲音，超越文化影響。也有另一說法是發出「波巴」、「奇奇」的發音時，視覺上會選擇和嘴形相似的圖形。

娃娃臉效應

人家錢弄丟了！

錢弄丟了！

中
心理效應

中
個人差距

圓臉、圓滾滾的大眼睛、短短的下巴、小小的鼻子，有著娃娃臉的人看起來容易給人天真無邪、說話坦白的印象。這就稱為**娃娃臉效應**。這個傾向在各個不同文化或年齡都有它的效果。

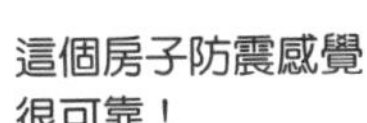
這個房子防震感覺
很可靠！

這個房子防震
很可靠！

基於這個心理效應，兒童自不在話下，娃娃臉的成人發言內容也容易令人感覺較**坦白**、**真實**（不是宣傳）。相反的，需要彰顯專門或信賴的狀況，反而會令人覺得只是**天真無邪的發言**。

相關效應

→ 月暈效應（P22）→ 嬰兒圖式（P196）

史楚普效應

藍

紅

大
心理效應

小
個人差距

首先請你看上圖左邊的兩個正方形並說出它的顏色，相信你應該可以回答出是黑色和紅色。接著請看正方形右邊的兩個字並回答它的顏色，不是字的意義而是字的顏色。正確答案是紅色和黑色，但一瞬間很容易被字的意義干擾，使得回答遲疑了一些對吧？字的意義干涉顏色的呈現，使得認知反應變慢，這就稱為**史楚普效應**。

色彩
字

看到字的意義和色彩時，

咦？
色彩
字

資訊的干擾導致認知變慢。

這是因為閱讀漢字的速度比認知顏色的速度快而產生的現象。即使想說出文字的色彩，字的意義也會下意識地浮現腦海的緣故。

麥格克效應

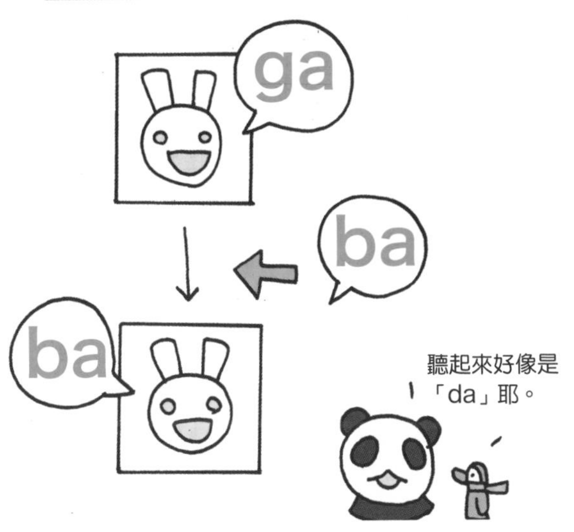
ga
ba
ba
聽起來好像是
「da」耶。

中
心理效應

中
個人差距

把人站在攝影機前發出「ga」的影像，錄製「ba」的聲音組合，然後放映出這個影像時，我們會覺得聽到的聲音是「da」或「ga」。照理說聲音是「ba」，應當只會聽到「ba」的聲音，這個不可思議的現象是英國心理學家麥格克查證發現。

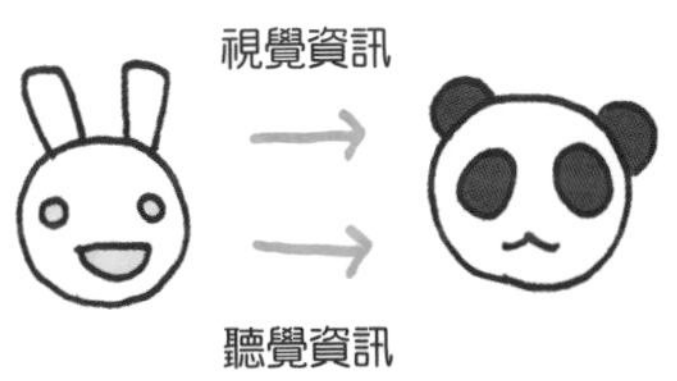
視覺資訊
聽覺資訊
視覺資訊
聽覺資訊

當視覺資訊和聽覺資訊衝突時，　會發生視覺資訊優先的狀況。

這就稱為**麥格克效應**，當耳朵和眼睛獲得的資訊相互衝突，人們會以視覺資訊為優先。

相關效應

→ 麥拉賓法則（P98）

雞尾酒會效應

小波……
誰在講
我的事……

大
心理效應
小
個人差距

你或許也有這樣的經驗，即使在許多人喝酒的居酒屋，吵雜的談話聲交織中，有人提到自己的名字，仍然會傳入你的耳朵，這就稱為**雞尾酒會效應**。源自在雞尾酒會中，即使參加者各自閒聊不同的話題，人們仍然可以把注意力集中在特別的談話。人類聽覺系統的能力令人驚奇，**在吵雜的聲音中可以選擇聆聽想聽的內容**。

咔噠
小波……
嘰嘰喳喳
咔噠
小波……
嘰嘰喳喳

在現場只聽得到想聽的聲音。

聽錄音時就能聽到全部的聲音。

事實上，若要確認這項功能，不妨錄下宴會的聲音。重新再播放一次就會發現，你應該會聽到**拉椅子、腳步聲、笑聲等宴會舉行之際沒注意到的聲響**。因為當參加宴會時，聽覺只處理必要的聲音，不會特別在意的關係。

利用時間到達的落差
說到小波……
說到小波……
右耳
左耳

研究

人類聽覺功能很厲害，不僅可以從噪音中選擇只聽想聽的聲音，當出現關心的對話內容、詞句時，突然就可以聽到了。這項功能和我們同時使用兩邊的耳朵聆聽也有關係。據說只用單側的耳朵聆聽想聽的聲音就會很困難。運用聲音到達兩耳的時間落差，過濾不必要的聲音，就稱為**優先效應**。

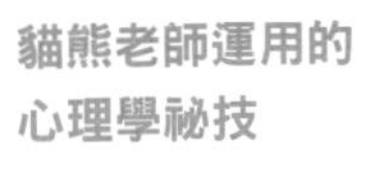
貓熊老師運用的
心理學祕技

一般的隔間聲音會傳出去。

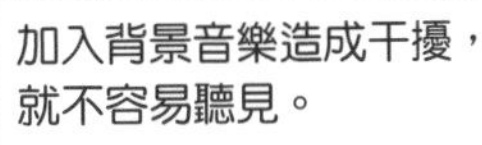
加入背景音樂造成干擾，
就不容易聽見。

教你一個運用聽覺功能的有趣祕技！會議室即使利用隔間板，聲音還是會傳出去。如果不希望隔壁的空間聽到談話，不妨打開空調。空調的聲音能夠遮蔽談話的聲音。這就稱為**遮蔽效應**，運用聲音來消除其他聲音。近年來部分企業會在會議室利用背景音樂達成空調音的效果。

峰終定律

塞車
順暢
目的地

順暢
塞車
目的地

大
心理效應

中
個人差距

開車前往某個預定地點時，快要到達目的地前嚴重大塞車，和中途嚴重塞車但最後一路順暢抵達目的地，就算所花的時間相同，抵達目的地前才大塞車，更容易留下塞車的不愉快感受，這就稱為**峰終定律**。

不愉快
愉快

以愉快的狀態結束，
中途的不愉快記憶變淡。

愉快
不愉快

以不愉快的狀態結束，
中途的快樂記憶變淡。

有些討論心理學的書籍當中，會說明「峰終定律」是相對於「初始效應」，不過這兩者比較的基準其實並不相同。「初始效應」是指最初看到的印象會持續殘留腦海的作用，而「峰終定律」則是指在高峰狀態（峰／peak）是什麼樣的情緒，以及這樣的體驗結束（終／end）時是什麼感覺這兩個關鍵，主宰了人們留下的印象好壞。

重點不在於不快的時間長短，
是最後如何收尾。

實驗

美國心理學家卡納曼教授等人，曾進行以下的實驗。參加者間隔一段時間，分成三次把手浸在非常冰冷的水裡。第一次是單手浸60秒，第二次用另一手浸60秒，然後讓手繼續浸泡在水裡，再慢慢增加水溫。接著在進行第三次時，詢問參加者再試一次的話，希望以第一次的方式或第二次的方式進行。結果回答以第二次的方式進行者占多數。如果以合理性來思考，應該是浸泡時間短的較好，然而第二次實驗因為最後稍微輕鬆的印象較強烈，以致不愉快的時間變淡了。

3 認知心理學

貓熊老師運用的心理學祕技

談話希望能留下好印象時，

在交談正熱烈時，
結束交談。
還想再多
聊聊……
下次再聊！

教你一個運用峰終定律的有趣祕技吧！如果你認識了某個人，覺得情投意合時，你煩惱著談話該在什麼情況畫下句點。一般人可能會把想說的話說完才結束，但最佳的「收尾方法」，則是在**交談最熱烈的時候**畫下句點。從體驗得到的「好」、「壞」印象，並非時間的長短，情緒的最高峰及體驗最後的感覺才是焦點，最容易記住當時的快樂與痛苦。在談話最熱烈時結束，對方會有「還想再多聊聊」的渴望感，更容易對你留下好印象。

相關效應 → 初始效應（P6）→ 時近效應（P64）

睡眠者效應

動物園搬家？
聽起來不太可信？
一星期後
聽說動物園
要搬家！
真假？

中
心理效應

中
個人差距

從網路上輕易取得的資訊很可疑。即使一開始有這樣的想法，當一段時間經過，就會淡忘覺得可疑的想法，毫不在意地使用所獲得的資訊。這就稱為**睡眠者效應**。即使是從可信度差的訊息來源獲得的情報，隨著時間流逝，可疑的想法跟著沖淡，因而若無其事地使用留在記憶中的資訊。

消息來源
消息內容
消息來源
消息內容

這是因為和資訊內容相較之下，從什麼管道獲得的資訊更快被遺忘而發生的心理效應。另外，根據研究，資訊內容若是印象不夠強烈，就不會產生效果。對「讓你瘦」、「大賺一筆」等網路廣告一開始就算存疑，但經過一段時間後會被吸引就是因為這個效應。

注意的焦點化效應

很介意奇怪的紅毛，
完全沒辦法聽進去他
講什麼。

中
心理效應
大
個人差距

與人交談之際，覺得對方「髮型好奇怪」，結果只注意髮型，以致談話內容完全無法進入腦海。當一個人需要下判斷時，讓他專注於特定的部分，他就無法專注於其他部分，這就是**注意的焦點化效應**。

孫子的聲音
怎麼辦？
怎麼辦？
事態可疑

轉帳詐騙太過聚焦在某一點上，
注意力就無法專注在其他部分。

不快點轉
帳就慘了。

因為沒有充裕時間，
以致更加焦急。

轉帳的詐騙之所以層出不窮，就是因為很多人會把**注意力專注於**「孫子（子女）發生不得了的事情」，以致難以冷靜判斷事態可疑。

錯視

以下我想介紹幾項主要視力造成的錯覺——「錯視」。錯視雖然是由各式各樣的原因形成，但也有仍然未解開的錯視。

【長度的錯視】

■穆氏錯覺

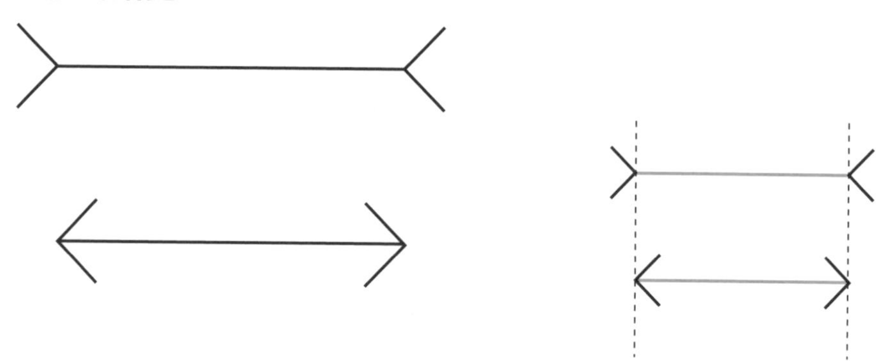

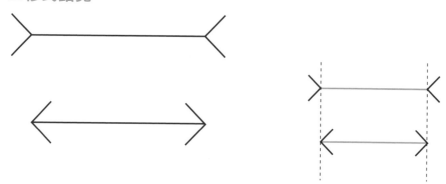

上下的線條直線都是一樣長，但上面的線條看起來卻感覺比較長。即使經過解說，知道兩者線條長度一樣，但不可思議的，還是會覺得上面的線條看起來比較長。

■龐氏錯覺

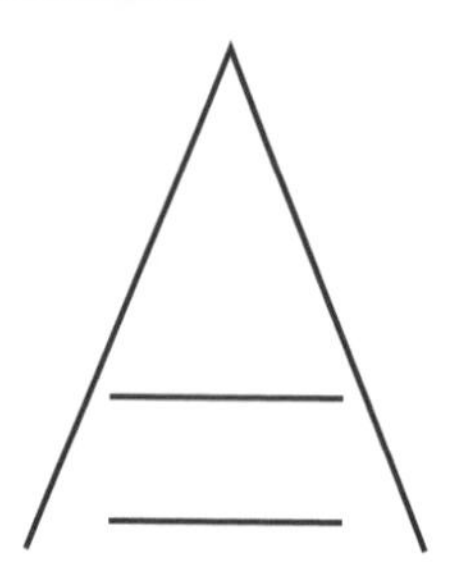

三角形內部畫了兩條長度相同的平行線，但上面的線條看起來較長。這是由義大利心理學家龐索發表的錯視現象。

■鮑德溫錯覺

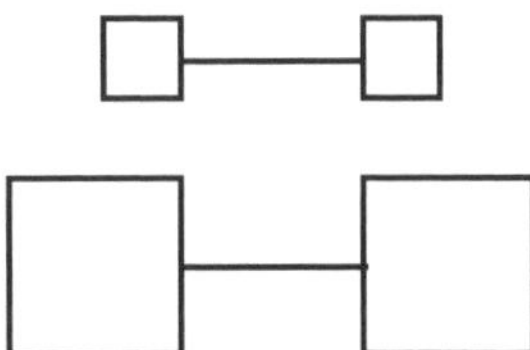

被大小不同的正方形夾住的直線，雖然直線長度相同，但視覺上卻覺得上面的直線較長，這是正方形造成「深度」的視線錯覺。

■菲克錯覺

a、b兩個長方形雖然大小相同，但在下方的b，看起來比a大的錯覺。

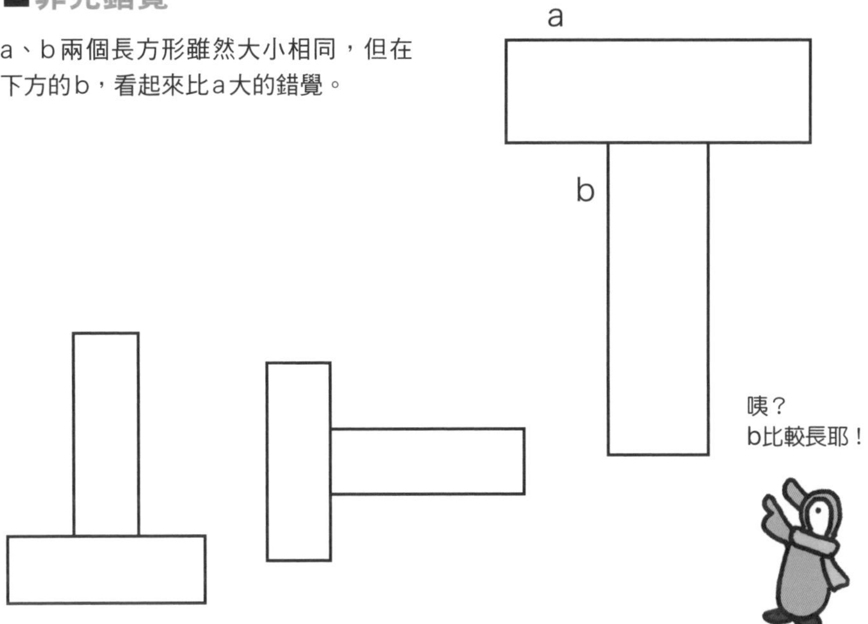
a
b
咦？
b比較長耶！

你的長脖子也是錯視？

即使上下反轉，b的圖形看起來還是比較長。雖然我們已了解垂直方向有看起來較長的傾向，但這個圖形即使b是橫向，看起來還是比較長，至於是什麼原因，目前仍然無法解釋。

【大小的錯視】

■艾賓浩斯錯覺

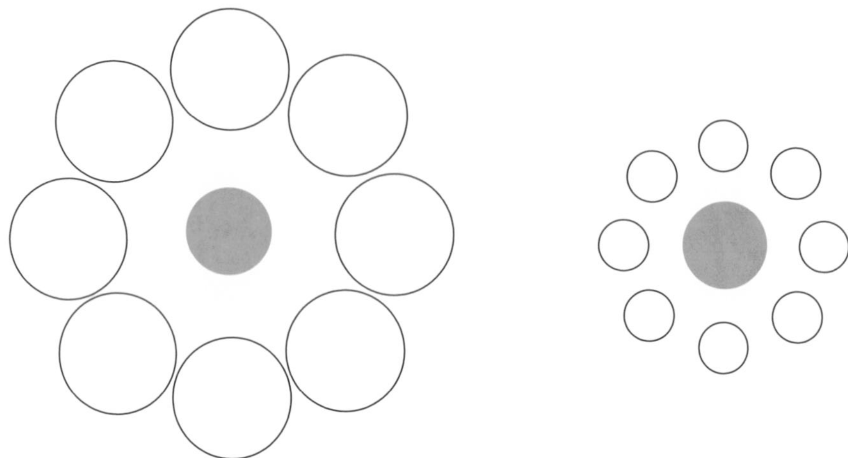

左右兩個圖形中央的圓雖然是同樣大小，但右側看起來比較大。這是因為和周圍所圍繞的圓形成的對比效果，造成大小感覺上的混淆。

■德勃夫錯覺

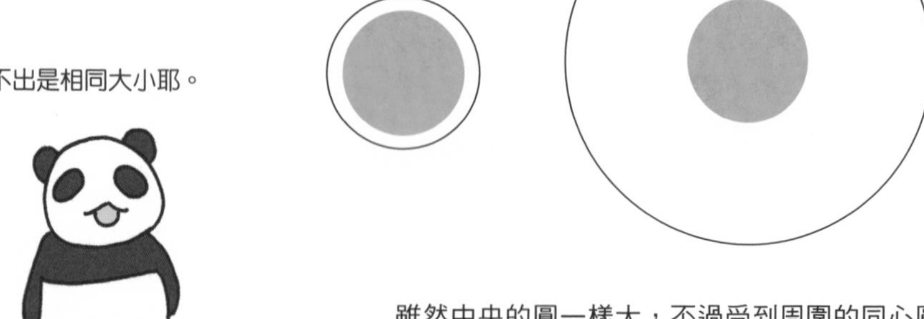

看不出是相同大小耶。

雖然中央的圓一樣大，不過受到周圍的同心圓大小影響，以致中央的圓看起來不一樣大。

【扭曲的直線】

■松奈錯覺

橫的四條直線雖然是平行線，因為短斜線的影響，以致看起來是歪曲的，這是源於德國天文物理學家松奈的名字而來的錯視。

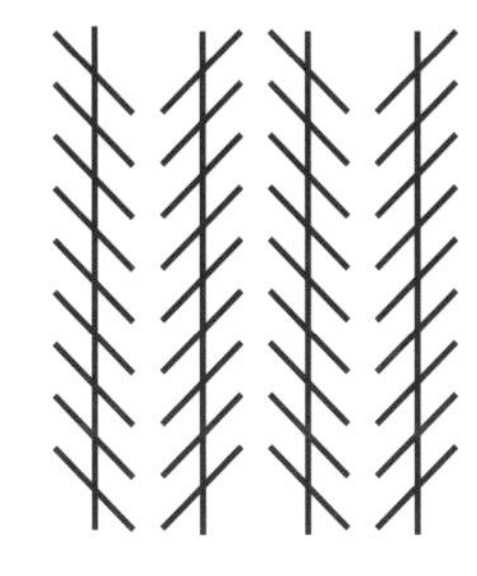

看起來歪歪斜斜的。

■霍夫勒錯覺

交叉的直線受到重疊斜線的影響，使線條看起來扭曲。

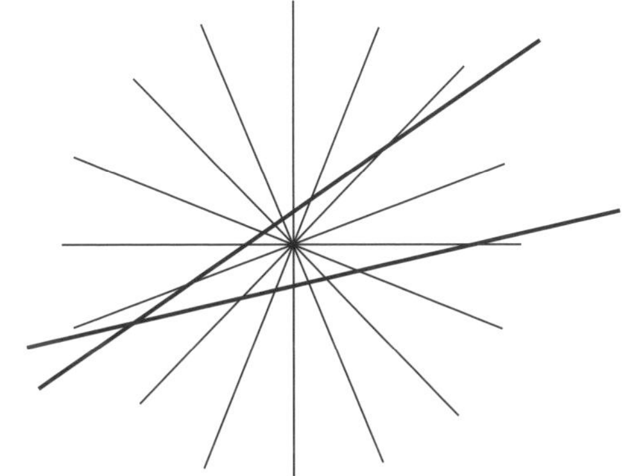

■奧比森錯覺

在多重同心圓中置入一個正方形，正方形的四邊看起來彷彿凹進去了。

【扭曲的位置關係、形狀】

■波根多夫錯覺

一條斜線消失於長方形後，隨即又出現於長方形另一側，看上去會有些「錯位」。a的前端看起來好像應該是b，實際上卻是c。

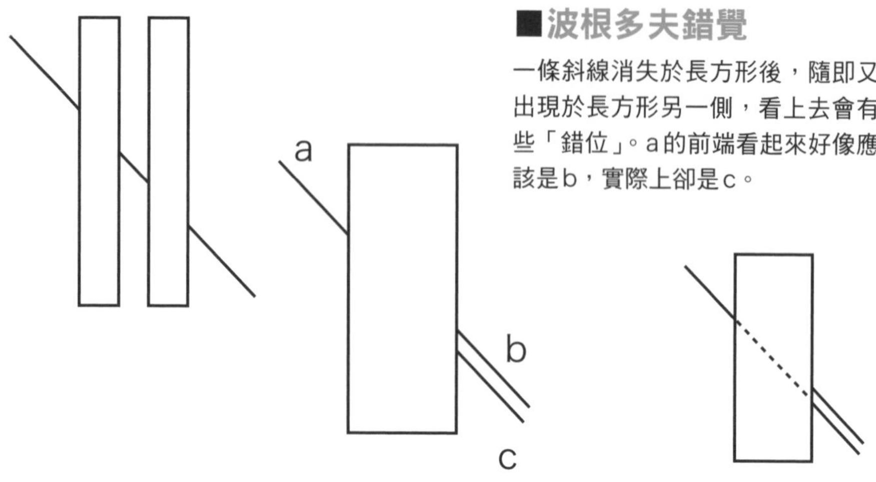
a
b
c

■奧培爾・庫恩特錯覺

d
e
f

d、e的間隔，和e、f的間隔其實相同，不過，由於加入間隔相等的線條，使得d、e之間看起來較寬。

■韋特・馬薩羅錯覺

上下的長方形雖然同樣大小，但上面的長方形看起來較為細長，下面的長方形看起來則較粗短，是和穆氏錯覺很相似的效果。

看起來好像不一樣耶。

【看到不存在圖形的錯視】

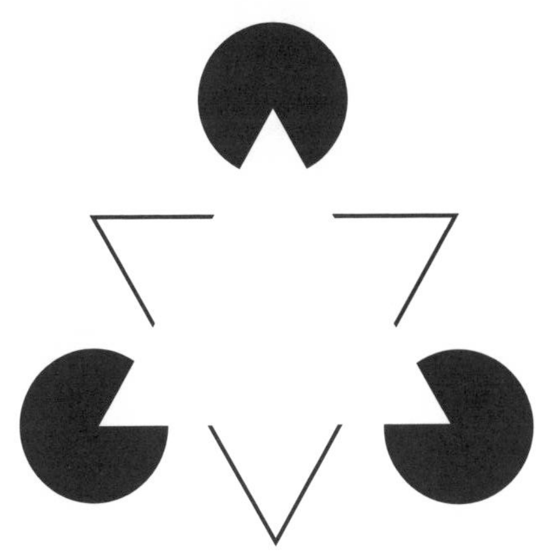

■卡尼薩三角形錯覺

三個塗黑的圓上，插入一個倒三角形，因而浮現一個並不存在的三角形。這個三角形是主觀的輪廓，由於其他的圖案結合給我們所造成的錯覺，使我們看到一個並不存在的三角形。

■浮現的立方體

在上色的圓形上，加上有如立方體邊角的圖案，整張圖看起來彷彿浮現一個立方體。除了圓以外並未畫上任何東西，卻能看出一個完整的立方體圖案。

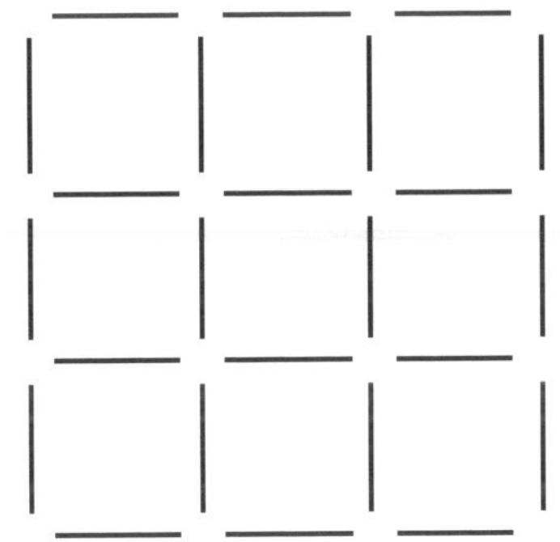

■耶蘭史坦錯覺

線條交叉的部分中斷時，浮現明顯的圓形，這是因為大腦在看到中斷處時自動腦補，認為「這裡一定是被什麼東西遮掩」，而看成圓形的屏障物。

【色彩錯視】

■棋盤陰影錯覺

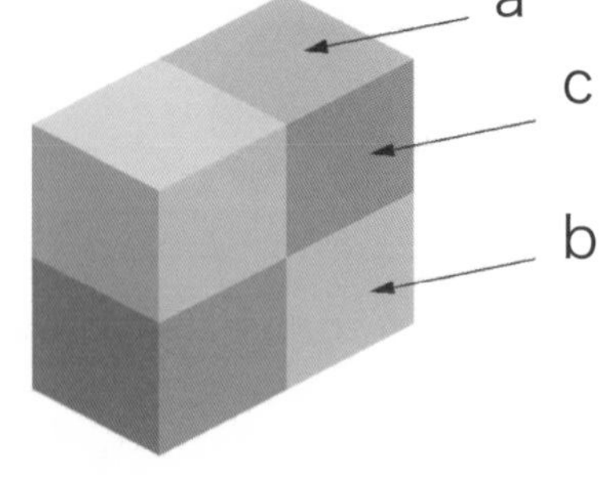

a
c
b

方塊b的顏色其實和a相同，但是和c對比之下，c、b成了陰影部分，受到陰影一定比較暗的既定觀念影響，所以覺得a和b亮度有明顯差異。

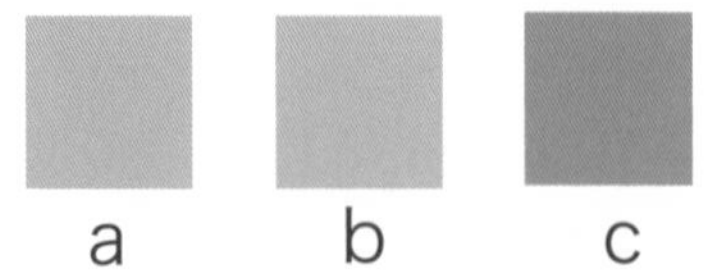

a
b
c

出處 http://persci.mit.edu/gallery/lightness_illusions

■馬赫帶效應

兩個相鄰的色塊產生相互抑制作用，使得明度較高的色塊邊緣看起來更亮。亮色及暗色的部分，看起來就像塗上濃淡色般。

■瓦沙雷利錯覺

明度不同的正方形重疊後，浮現有如十字星般的圖案。這是因為重疊密度高時，濃淡對比形成的明暗錯覺。

錯視現象實在
很有趣呢！

第4章 戀愛心理學

影響戀愛情感的是什麼？

對方
自己
接下來介紹有關「戀愛」的心理效應！
亂愛？

人類沒有戀愛就無法活下去。左右人生重要行為的戀愛，也充滿形形色色的心理效應。這一章要介紹的，有大家耳熟能詳的吊橋效應、加深戀愛情感的黑暗效應、走到結婚階段的人絕對應該知道的SVR理論等各式各樣的心理效應。

吊橋效應

好恐怖！

大
心理效應

大
個人差距

大
男性效果

處在性興奮的狀態，或是某些生理興奮狀態時認識的異性，對於該異性**容易產生好感**。比方說置身懸在高空中的吊橋，在緊張狀態下而認識的異性，據說就是因為把在高空中時緊張得心跳加速，錯認為是因為戀愛的緣故。腦部的錯誤判斷，誤以為身體的反應是對於該異性的魅力而產生的反應。

高的地方
好可怕！
心怦
怦跳

剛剛認識的人
真棒！
心怦
怦跳

這樣的心理反應就稱為**吊橋效應**，是不論男女都會發生的效應，不過有更容易出現在男性身上的傾向。但是很多時候本人難以察覺，難以透過問卷調查等取樣研究，反應的個人差異也相當大。

可以幫我做
問卷調查嗎？
竟…竟然在
這個地方…

實驗

加拿大心理學家唐納德・達頓和亞瑟・艾倫，在數十公尺高的搖晃吊橋上，以及在淺淺的小河上高僅一公尺的堅固吊橋上進行實驗。年齡在十八歲到三十五歲間的男性度過吊橋時，被具有魅力的女性要求進行問卷調查，並且留給對方電話號碼，「因為過幾天想了解調查結果」。結果，在**搖搖晃晃的吊橋上接受問卷調查的男性**壓倒性占了更高比例。

可想而知這是大腦把心驚膽跳的感覺，因為時間經過，和戀愛的怦然心動混淆的結果。雖然有人認為這個實驗根據太薄弱，但是貓熊老師也做過類似的實驗，確認這種腦部判斷錯誤的狀況的確存在。

貓熊老師運用的心理學祕技

建議可以去看同享心驚膽跳時刻的電影。

隨著時間經過，心跳加速的感覺能轉化成戀愛的感受。
怦怦

雖說是吊橋效應，但要去走吊橋可能不是件那麼容易的事，而且要偶然邂逅異性或許機率也不高。因此，最容易達到的或許是看恐怖片。如果是年輕人或許可以去搭遊樂園的雲霄飛車。倘若是交往達穩定程度的情侶，建議去天空樹或摩天樓的展望台等。**有時候出現效果需要一些時間**，猴急地企圖進一步展開親密舉動可不行喔！

相關效應 → 格蘭德魔法（P142）

查榮克效應

常碰到你耶。

常碰到你耶。
好感度

大
心理效應

小
個人差距

大
女性效果

即使是一開始沒什麼興趣的對象，多見幾次面以後，在不知不覺間就會開始抱著好感。把這個效應歸納，提出論文研究的是心理學家羅伯・查榮克，因而以他的名字稱為**查榮克效應**，或稱為**單純曝光效應**，也稱作重複曝光效應。

不特別討厭也不特別喜歡的對象，
接觸次數增加就能提升好感度。

如果是厭惡的對象，
不論見多少次面也不會有作用的心理效應。

男性通常容易基於女性的外表主因，在初期階段就會形成「喜歡」、「討厭」的感覺，女性則是對於男性在還未抱持好感的情況下容易有初期接觸。就這一點來看，這個效應對女性的影響作用較大。只不過，查榮克效應**對於厭惡的對象不會產生作用**，即使一再接近，也只會更惹對方討厭，所以必須注意。

看到
6次
看到
4次
看到
2次

實驗

美國心理學家查榮克曾經進行一個根據看到臉部照片次數，好感會如何變化的實驗。讓大學生看隨機挑選的異性照片後，發現同樣照片出現次數越多越容易對於對方產生好感。雖然和個人對於異性長相偏好多少有關，但光**是增加觀看同樣照片的次數，好感也會增加**。不是使用照片，而是與當事人見面的實驗也得到同樣的結果。由此可知人類單純增加看到的次數就容易產生好感。

貓熊老師運用的心理學祕技

盡可能讓心儀對象看到臉。
你好。

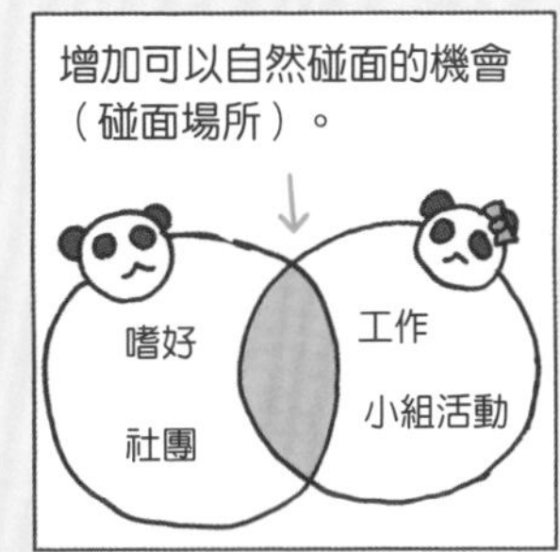
增加可以自然碰面的機會（碰面場所）。
嗜好
社團
工作
小組活動

若是有期望能夠交情變好的對象，就是**「盡可能頻繁地碰面」**。如果在學校，就加入相同的社團；上班族則盡可能配合對方的上班時間等，總之盡量和對方碰面非常重要。也許你會懷疑，「真有這麼簡單嗎？」但事實上相當有效果。只不過，如果被認為是刻意堵人會造成反效果，所以必須製造**自然碰到面的感覺**非常重要。要是對方起了疑心，或是露出懷疑的神情就要停止，如果再繼續下去就真的會被討厭喲！

相關效應

→ 多看效應（P111）→ 接近要因（P136）→ 熟悉定律（P138）

接近要因

大 心理效應
小 個人差距

動物園
很近
很近
很近
很近

即使從學生身分變成社會人士，人們仍然會加入自己喜愛的同伴間，形成小團體。形成小團體的成員，就是在自己周遭的人。人都傾向和周遭的人交情變好。這不僅限於朋友關係，也適用於和異性之間，這就稱為**接近要因**。

座位越接近的人，
越容易建立好交情。

同一個小組活動等接近的機會越多，
交情越容易變好。

以大學來說的話，同科系比同學院感情容易變更好，同一班比同科系更佳，座位相近又比同一班更易建立交情。在公司則是同部門、座位相近的人容易成為好友。要是希望某位異性對你有好感，重要的是**以自然的形式待在對方身邊**。

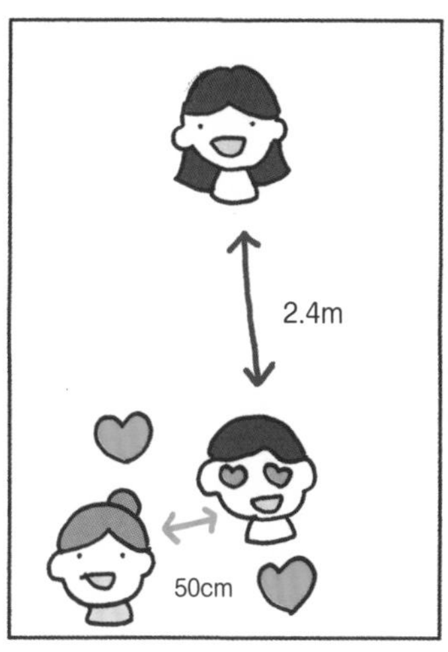
2.4m
50cm

實驗

美國心理學家肯恩曾做了一個實驗，測試男性和距離近的女性，以及距離遠的女性交談時，哪一種情況容易產生好感。實驗是與距離50公分和距離1.4公尺的女性同時交談，結果男性對於位在50公分處的女性較有好感，而對方也同樣對男性產生好感。另外，同樣是美國心理學家的費斯汀格，則針對集合住宅進行居住距離與好感度的關係，結果發現相互比鄰而居，或是就算不同樓層，但走樓梯距離較近的人較容易感情融洽。

貓熊老師運用的
心理學祕技

不是單純地距離近
就夠了。

距離近的順位
很重要。

若是希望和心儀的異性建立良好的感情，重要的是以自然的形式待在對方身邊。人和人之間物理的距離縱然極為重要，但介於你和那個對象之間的「人數」也是一大關鍵。就如同費斯汀格的實驗，即使是鄰居，但集合住宅在數十公尺間住了那麼多人，「鄰居」的感覺就變得很淡。但是在鄉下地方，即使和其他住戶之間距離達500公尺，因為當中沒有其他住戶，所以仍然會視作鄰居而感情融洽。因此，努力的方向不在於距離有多近，而在於距離近的順位是第幾。

相關效應

→ 多看效應（P111）→ 波沙德法則（P152）
→ 查榮克效應（P134）→ 個人空間（P10）

熟悉定律

詳細了解後，覺得
有點可愛……
總是一副耀武揚
威的樣子是為了
教育小孩，
其實是妻管嚴，
在老婆面前乖得
像隻貓。
大
心理效應
中
個人差距
大
女性效果

比方說和公司的同事或同校的友人每天碰面，逐漸**了解有關對方的各種資訊**，如「啊，他應該會喜歡這個東西」、「她不太擅長那個」等對方偏好的事物、興趣、生活型態、怎麼度過假日，就容易日久生情。

興趣
工作
夢想
興趣
工作
夢想

更進一步了解對方後，

容易產生好感。

透過視覺看到的機會越多，越容易產生好感，而且，越了解有關對方的事，好感程度越容易提升，稱為**熟悉定律**。這個效果已確認對女性的影響作用較強。很多女性對於戀愛，都認為「安心感」很重要，了解對方能夠更安心（但相反的也有受到神祕男性吸引的心理效應）。

醞釀戀愛的三大效果
- 查榮克效應（經常碰面）
- 接近要因（待在附近）
- 熟悉定律（熟知大小事）

其實我啊……
原來如此。

研究

從心理效應來思考，發展戀愛關係的捷徑，就是經常碰面（**查榮克效應**），在小團體中成為近距離的人，開始產生好感（**接近要因**），然後熟知對方的事情而使好感度上升（**熟悉定律**）。這就是醞釀戀愛的三大效果。進一步可以運用的則是**自我揭露**，說出較難啟齒的事情，就可以更加拉近彼此的距離。

貓熊老師運用的心理學祕技

商務活動除了和對方常碰面，

加上附有照片的明信片或信件會很有效果。

這個定律是可以運用在商務的祕技喲。業務員或店家除了增加單純的接觸，讓顧客詳細了解自己（店家）也很有效果。簡單的做法就是寄出附上照片的信件，如果能用手寫更好。**手寫的文字對於善意傳達自己的人品很有效果**。對這一點具有高度意識的網路商店，會在顧客購買後，寄出商品時同時附上手寫的感謝函。把自己的近況（店鋪近況）或感謝的心意寫在紙上，讓顧客知道。增添一分心意的訊息，能使熟悉定律發揮效用喲！

相關效應

→ 多看效應（P111）→ 接近要因（P136）→ 查榮克效應（P134）
→ 自我揭露（P54）

羅密歐與茱麗葉效應

大
心理效應

大
個人差距

處於戀愛關係中的男女，有一些阻礙應當會比毫無阻礙的情侶情感更牢固，這就稱為**羅密歐與茱麗葉效應**。雖然很喜歡，但是因為有阻礙而不得不分手的**不和諧（不快感）**發生時，為了消除這樣的感受，想要擁有更強烈戀愛情愫的心理效應會發生作用。

戀愛情感
不和諧
戀愛情感
不和諧

由於父母的反對等阻礙無法改變的心理，為了想突破障礙，戀愛情感反而更加高漲，而想要突破障礙的力量就容易被錯認是戀愛的深度。

戀愛滿足度調查
有阻力出現的情侶，
滿足程度較高。

調查

心理學家德瑞斯科和里佩茲以一百四十對情侶為對象，進行有關戀愛滿意度的調查，結果發現當出現雙方的父母反對等抗力時，雙方對戀愛的滿足程度有越高的傾向。從調查結果來看，戀愛時的處境越是艱難越能燃燒兩人的熱度，他們把這個情況稱為「羅密歐與茱麗葉效應」。《羅密歐與茱麗葉》是莎士比亞的戲劇，描述十四世紀在義大利蒙特鳩與凱普萊兩家的世仇對抗下，其中一家的兒子羅密歐與另一家女兒茱麗葉陷入熱戀，結果以悲劇收場的故事。

貓熊老師運用的心理學祕技

戀愛關係優柔寡斷的對象，

故意製造阻力
情敵
阻礙者

由於戀愛會因為兩人間的阻力而上升，所以故意製造阻礙或許也能發生作用。對優柔寡斷的對方表示「有情敵出現」、「父母好像反對的樣子」等光憑自己一個人的努力難以解決的狀況，對方較容易產生「這下子不妙」的警覺性。不過，因為**羅密歐與茱麗葉效應效應而相戀的兩人，之後的交往十分重要**。因為當阻礙消失一段時間後，就會察覺自己真正的心意，所以交往後要更重視培養兩人的感情。

相關效應

→ 卡利古拉效應（P87）→ 波沙德法則（P152）

格蘭德魔法

中
心理效應

大
個人差距

出門旅遊時，有時會突然被在旅行休閒地點認識的異性吸引，比方說你是否曾經覺得在滑雪場認識的異性格外有魅力？這樣的心理作用稱為**格蘭德魔法**，許多滑雪愛好者都知道。

滑雪場使男性看起來更可靠。

女性看起來更美麗。

女性擔心滑雪技術不佳，在覺得困擾時，助自己一臂之力的異性出現，就會覺得看起來比實際上更可靠、更有魅力。另外，男性傾向從女性體型構成印象，滑雪裝的鮮豔色彩及流行設計也有加分作用，能藉由外表因素讓心情更亢奮。

格蘭德魔法發生作用的主因

男性
・滑雪、單板滑雪的技術
・體貼程度

女性
・服裝打扮
・外表

調查

在滑雪場被異性吸引的關鍵，男女有一點不同。根據網路問卷調查公司進行的調查結果顯示，格蘭德魔法發生作用的主因，女性是因為男性的**滑雪或單板滑雪技巧**、獲得協助時的**體貼**占前幾名；相對的，男性則是以**服裝打扮等外觀**為前幾名。如果希望發揮格蘭德魔法的效用，女性要注意的是服裝，男性則應當強化技術層面。

貓熊老師運用的心理學祕技

讓女性看起來更美麗的大頭貼光線
太陽光
反射光

晴天是關鍵
等一等吧！

女性若是在心儀的男性面前，故意表現出滑得很爛，也是一種技巧。因為男性有著**庇護欲**，或說是想守護柔弱女性的心理。另外，這個效果還會受到雪形成的白色背景及反射的太陽光影響。這樣的光線能**使臉色看起來更美麗**。就和拍大頭貼的效果相同。所以晴天的太陽是一大關鍵喔。另外，就是要設定時間限制。

「只限某個時間以前才能到手」的**時間強迫觀念**，是促成濃烈戀情的推手。

相關效應

→ 月暈效應（P22）→ 初始效應（P6）→ 意外效應（P149）
→ 接觸效應（P154）

SVR理論

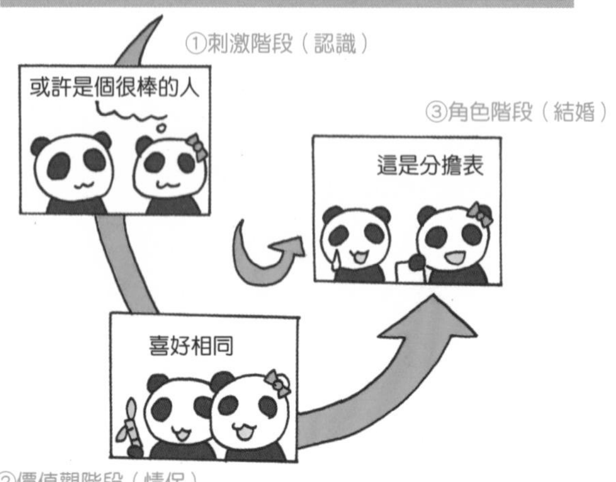
①刺激階段（認識）
或許是個很棒的人
③角色階段（結婚）
這是分擔表
喜好相同
②價值觀階段（情侶）

想知道從情侶階段走向結婚階段的心理變化，不妨了解一下美國心理學家默斯特因提出的**SVR理論**。

①刺激階段（stimulus）

在認識最初，外貌、舉止、性格有很重要的影響，從對方的外表和行為舉止等外在刺激受到吸引的階段。

②價值觀階段（value）

雙方開始交往後的更進一步階段。這個階段共同行動的時候增加，與對方在興趣、嗜好、價值觀上是否類似成為一大重點。是情侶對彼此價值觀認同的階段。

③角色階段（role）

關係更進一步時，不僅是價值觀相近，彼此能否勝任支持、分擔等角色變得很重要，培養出補足彼此不足部分的關係，就能走向婚姻的道路。分擔角色來滿足互補關係極為重要。

相關效應

→ 查榮克效應（P134）→ 接近要因（P136）→ 熟悉定律（P138）

柯立芝效應

走吧！
哇，好可愛！

中
心理效應

大
個人差距

大
男性效果

有些太太以為老公性慾不強，應該不至於外遇，但因為這樣就安心還太早。當男性遇到喜愛的新對象，性功能就有可能恢復，這就稱為**柯立芝效應**。

男性和特定對象交往時間一長，性功能就會下降。

一旦遇到其他對象又會恢復。

第三十任美國總統柯立芝，曾在參觀養雞場時，看到每天替換不同伴侶的公雞大展雄風，開玩笑說希望管理員把這件事告訴柯立芝夫人，這個玩笑成為命名由來。男性為了留下更多子孫，具有追求更多交配對象的本能。和特定對象無法滿足本能，和性相關的行動力也會降低。

相關效應

→ 查榮克效應（P134）→ 接近要因（P136）→ 熟悉定律（P138）

黑暗效應

中
心理效應
中
個人差距
大
女性效果

有時候會和一起待在黑暗地方的人，關係突然變得親密。置身於黑暗的地方會感到不安，尤其是女性親和欲求較強烈，所以對於一起待在黑暗處的男性，容易產生好感，這就稱為**黑暗效應**。

黑暗中看到光線，有機會產生更強烈的效果。

在**黑暗處卻有強光出現**時，效果更強烈。比方說營火活動的參與人員，同伴間會產生一股不可思議的同心協力感。其他如燭火搖曳的陰暗處或煙火大會等，對於促進與異性的情愫特別有效。

相關效應

→ 親和欲求（P37）

資本效應

大
心理效應

大
個人差距

大
女性效果

很多女性喜愛高收入、財力雄厚的男性。這並不單純只是因為女性嫌貧愛富。女性在本質上強烈渴望「安全感」，由於女性多數必須負擔生產、育兒的工作，所以極需提供場所、食物、穩定日常生活的伴侶，因而會有接近本能的欲求。

資產
薪水
地位
安心

有錢人！

這不光出現在人類行為身上，其他動物身上也可以發現類似的原始本能。收入、資產多的男性在經濟方面可以提供安定的生活，所以多數女性傾向喜愛高收入、財力雄厚的男性。這樣的心理傾向貓熊老師稱為**資本效應**。

相關效應

→ 迴避損失傾向（P156）

小惡魔效應

那個我也要！
好！

中
心理效應

大
個人差距

大
男性效果

相對於女性傾向喜愛高收入、財力雄厚，具「穩定力量」的男性，男性則對於女性的「變化無常」傾心。對於女性反覆無常的心理變化，即使潛意識覺得「真麻煩」，但潛意識同時感受到刺激，這就稱為**小惡魔效應**。

即使討厭被耍得團團轉，

但同時感到開心，產生想保護對方欲望的男性還是很多。

男性具有「庇護欲」，也就是想要保護比自己脆弱的女性，希望守護不穩定、不知會暴走到哪裡去的女性（或許也和支配欲有關）。另外，小惡魔般的女性具有的神祕特質，則對於男性產生更強烈的刺激作用。

相關效應

→ 資本效應（P147）→ SVR理論（P144）→ 意外效應（P149）

意外效應

他竟然有這樣的
一面……
你好可愛喲！

中
心理效應

大
個人差距

人類原本就是想要擁有安全感的動物。比方說，談話時經常會邊想像如果這麼說，對方大概會這麼回答，因此，若是對方的回答出乎意料，常會覺得很開心而受到對方吸引。

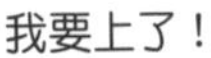
我要上了！

平時老老實實的人，
工作時精明幹練。

累死我了。

相反的，流露孩子氣的一面，
意外地有魅力。

這就是**意外效應**，或者稱作差距效應。平時看起來不怎麼可靠的男性，巧妙地處理棘手問題時格外有男子氣概；在公司工作幹練的女性，下廚表現出家庭的一面等，就會發生這樣的效果。雖然意外效應有時也會發生在負面部分，但絕大多數都會有**正面的效果**。

相關效應

→ 小惡魔效應（P148）

鏡像效應

大
心理效應

中
個人差距

模仿對方，做出和對方相同姿勢、動作、表情時，被模仿的對象將莫名地感到心情很好，這個作用稱為**鏡像效應**。人們對於和自己類似的人會覺得有魅力。若是能巧妙運用這個效應，就能人為製造「相似的同伴互相吸引」的狀況。

對方笑就跟著笑的簡單技巧，

要是能配合對方的說話速度，
好感度能更加提升。

除了對方笑就跟著笑的單純模仿，也包括配合對方說話速度的高難度運用。另外，不僅姿勢和動作，**嗜好**、**食物**、**生活習慣**相似也能提升好感的程度。

模仿的班級
好感度達73%

沒有模仿的班級
好感度達65%

實驗

美國心理學家譚雅・沙特朗曾進行了一個測試好感度的實驗。她把每兩個人分成一組，然後指示其中一班的小組必須模仿對方的姿勢、動作，另一班則沒有給予任何指示。過了十五分鐘後，詢問有關**好感度**的問題，結果有模仿的一班好感度為73%，相對之下，沒有模仿的一班則是65%。另外，日本電視節目的實驗中，也指出模仿女性動作比不模仿時，印象變好的情況達2～3倍。

貓熊老師運用的心理學祕技

配合自然的動作，
對方笑就跟著笑。

對方喝飲料你也喝，
盡可能連說話速度也試
著配合對方。

由於鏡像效應能使對方印象變好，而且是**下意識發生的效用**。所以優點是就算運用這個心理技巧，也不太容易被察覺。如果和心儀的對象一起去用餐時，不妨自然地模仿對方的舉止吧！對方喝飲料就跟著喝，對方說話做什麼手勢就跟著做，尤其是表情，不妨配合對方加以模仿。像這樣單純地模仿對方，就能提升好感度。可以的話，不妨連說話速度也配合對方，但自然地模仿是重要關鍵喲！

相關效應

→ 潛意識（P69）→ 從眾效應（P26）

波沙德法則

大
心理效應

小
個人差距

雖然有阻力會使戀情熊熊燃燒，然而也有難以跨越的障礙。那就是物理上的「距離」。美國心理學家調查住在費城，有婚約的五千組情侶後發現，在取得結婚許可證明（婚禮前的一般手續）階段，12%的情侶住在相同住所，33%的人則是住在步行可到的距離。

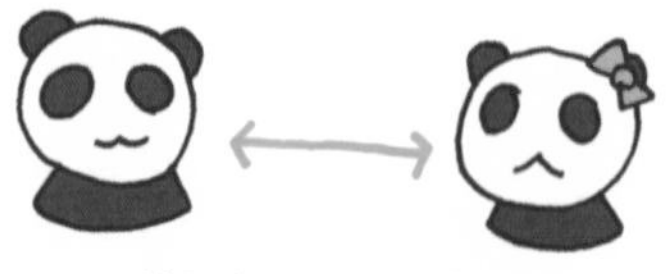

遠距離也是戀愛中的阻力，但效果不同，

遠距離造成兩人關係畫下句點的風險很高。

他因而得到一個結論，男女關係「物理距離越近，心理距離越小」，這就是**波沙德法則**。而且有婚約的男女，越是相隔兩地的人越難一起到達結婚階段。遠距離可以說是戀愛阻力中最危險的主因。

相關效應

→ 接近要因（P136）→ 羅密歐與茱麗葉效應（P140）

自我肯定欲求

你真時髦、
可愛、
有魅力。

大
心理效應

小
個人差距

稱讚心儀對象，可以有效拉近和對方的關係。人都希望所作所為得到認同，懷有渴望被讚美的**自我肯定欲求**，就算是客套話也希望被讚美。

有誰願意
稱讚我……
好可愛！
有耶！

人們對於**能夠滿足這項欲求的人，容易產生好感**。被讚美而表示謙遜的人其實也希望得到讚美。因此，當對方謙遜地否定「沒有啦」，還是必須更進一步讚美。希望你不妨參考得失效應的做法。

相關效應

→ 得失效應（P53）→ 認同需求（P8）→ 親和欲求（P37）

接觸效應

啊！
啊！

大
心理效應

中
個人差距

大
男性效果

有些男性在超商不經意接觸到女店員的手，就會因此心跳加速而產生好感。人們有像這樣因為**接觸效應**，對異性產生好感的傾向。但是這個效應由男性主動或由女性主動的關鍵不同。

男性為了希望更親密而
想與對方身體有接觸。

女性是在彼此親密後才
想與對方身體有接觸。

男性多數是想藉由和異性接觸而發展成戀愛關係，企圖藉著接觸作為發展的契機。相對的，女性則是希望發展成戀愛關係後，才有身體接觸。因為兩者的機制不同，所以希望**男性要注意，以免演變成性騷擾**。

相關效應

→ 接近要因（P136）

第5章 經濟心理學（行為經濟學）

¥10,000
¥5,000
¥1,000
接下來我要說明有關金錢的各種心理喔！
哇！

人際關係、自我理解、戀愛等心理學可以在各個領域運用，這一章要解說的則是和「金錢」相關的心理。多數人思考的往往是「不是想得到什麼」，而是「不想損失什麼」，所以在選擇居酒屋的「松竹梅」套餐，傾向選擇中間的套餐。為什麼人們會有這樣的行為，這一章將說明人們在經濟相關的心理動向、傾向及效果。

迴避損失傾向

加薪了！
減薪了！

大 心理效應
大 個人差距
大 女性效果

人們**不想損失的心情**，比想要獲利的心情更為強烈。比方說，想像一下從下個月開始，突然「增薪1萬圓」的心情，突然加薪一定很開心吧！接下來，想像一下從下個月開始，突然「減薪1萬圓」的心情，這應該會令你很難過。那麼，兩者心情的變化程度相同嗎？

減薪的打擊非常大，

減薪
加薪

據說減薪的悲傷遠比加薪大了2.5倍。

多數人應該都是「減薪1萬圓」的悲傷心情壓倒性地劇烈，這是因為人們傾向不願意遭受損失的心情，也就是說人類的**迴避損失傾向**較為強烈。這個傾向在銀髮族尤其強烈，女性又比男性更為強烈。另外，近年來二、三十歲以下的年輕人也有擴大的傾向。

A
預先支付
未達成目標時
歸還
學生成績
提升10%
B
事後支付
達成目標時
給獎金
學生成績沒
有改變

實驗

芝加哥大學的約翰・李斯特教授，在教職員工會的協助下，進行了一項實驗。他們先把教師分為兩組。A組教師一開始預先支付4,000美元的報酬，條件是到了學年度結束時，學生成績越佳，償還金額越少。B組教師則是當學生到了學年度結束成績提升時，就支付報酬4,000美元。實驗結果A組教師的學生成績提升了10%，但B組教師的學生成績卻沒有提升。從這個實驗結果，可以推測教師迴避損失傾向發生了強烈作用。

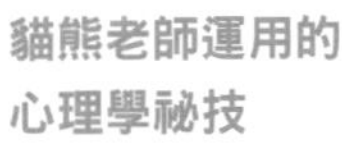
貓熊老師運用的
心理學祕技

約定預先支付報酬，
沒有達成目標就歸還的
結果。

報酬

拚命加油。
要歸還誰
受得了！

一般來說，分紅獎金都是達到業績才支付不是嗎？然而巧妙運用人的迴避損失傾向心理，就如同上述的實驗般，分紅（報酬）**「預先支付」**而達到了效果。沒有達成目標必須償還的條件下，大家就會拚命努力。已經到手的東西，卻不得不歸還，會令人感到很痛苦。這不僅可運用在公司，或許也可以運用在家庭中喔。

相關效應

→ 稟賦效應（P158）→ 大鈔效應（P164）
→ 松竹梅效應（P172）→ 協和號效應（P180）

稟賦效應

這個很有價值。
哪有？
普通。

大
心理效應

大
個人差距

大
男性效果

美國的大學曾做了一項針對持有物所感受到的價值實驗。他們把學生分成兩組。其中一組送給他們印有大學校徽的杯子當作禮物。然後問拿到杯子的學生：「給多少錢才願意賣這個杯子？」沒有杯子的學生，則是問他們：「願意花多少錢買這個杯子？」

想賣杯子的平均價格為5.25美元。

願意買下杯子的平均價格為2.75美元。

結果拿到杯子的學生，平均價格為5.25美元以上才願意賣出；而沒有杯子的學生則是2.75美元以下才願意買。我們對於曾經擁有的物品，會認為「我所擁有的東西有價值」，而對該物品有高估價值的傾向，這就是**稟賦效應**。

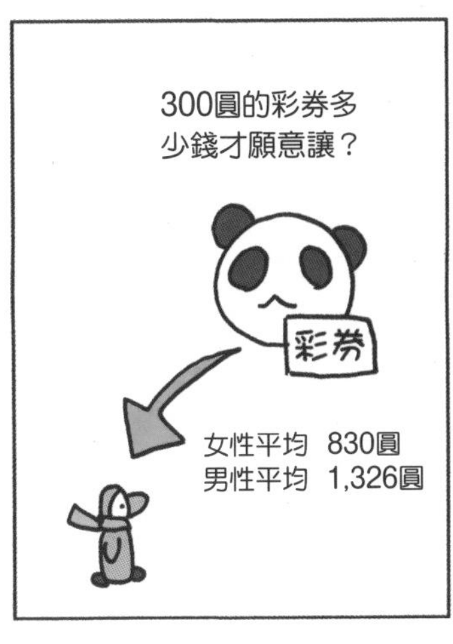
300圓的彩券多少錢才願意讓？
彩券
女性平均 830圓
男性平均 1,326圓

實驗

「300圓的巨額彩券如果要讓給別人，覺得要多少錢才願意賣？」貓熊老師向659人提出這個問題。結果願意讓出的平均價格是1,180圓。訂價是以實際價值500～1,000（含購買價格），再加上讓渡的彩券中獎時能接受的金額計算而成。購買價格和願意脫手的價差達3.9倍。另外，女性開出的平均價格為830圓，相較之下，男性則高達1,326圓，由男女這麼大的差異，可以推斷稟賦效應對男性可能有較強烈的作用。

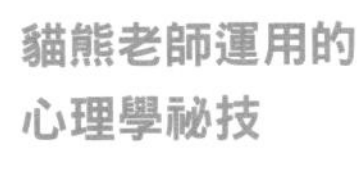
貓熊老師運用的心理學祕技

這本漫畫送你！
貓賊王

總覺得很有價值，我不想丟掉。要蒐集一整套才行！
偷看
貓賊王

有些銷售服務會巧妙運用稟賦效應。那就是「首次免費」、「一開始以低價」來贈送（打折）售出商品。比方說針對收藏系列商品，一開始採取一部分免費贈送，藉由稟賦效應，讓持有者對該商品的價值產生錯覺，接下來的系列商品，**就算價格稍高一點，也願意蒐集**。「系列套書」、「想蒐集所有顏色的商品」、「蒐集各個不同功能的商品」等針對男性的商品銷售策略很有幫助喔！

相關效應

→ 迴避損失傾向（P156）

定價效應

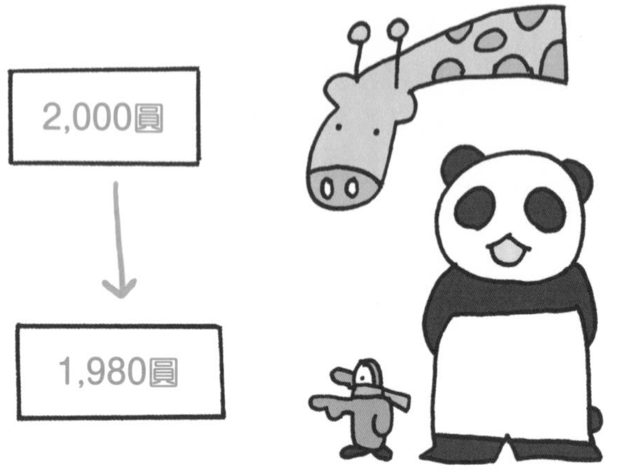
2,000圓
1,980圓

大
心理效應

小
個人差距

價格表現的方式不同，而會產生覺得很便宜或很貴的感覺。代表性的表現方法是1,980圓。這就是**定價效應**，眾所周知是為了提高消費者的購買意願，把2,000圓訂價為1,980圓，雖然只打了1%的折扣，卻因為價格從兩千變成一千多圓，產生「便宜」的感受。

便宜！
1,980圓
瞬間覺得很便宜。
應該是有打折，
划算的商品。
1,980圓
再進一步解讀。

另外，除了訂價的表現方式，也很容易因此抱著「似乎打了折扣」的想法。強烈地感受到似乎有打折時，瞬間就會產生「很便宜」的感受。

日本偏好「8」
避免勉強只降一點的感覺。
「198」聽起來很舒服。
扇形的「八」感覺很吉利。

研究

因為定價效應而產生「便宜」的感受，舉世皆然。並不是只有日本，美國量販店或歐洲各國的市場也都運用了這個心理效應，只不過**表現方式有若干差異**。國外常用「1.99」等價格，日本最後的數字則習慣使用「8」、「80」。日本人是對聲音很敏感的民族，「198」（ICHIKYUPPA）等發音中「PA」的音感聽起來心情很愉快，另外，「9」也會令人覺得只便宜了一點點，但「8」就覺得折價得更有誠意。此外，以文化背景來看，中文字的「八」接近扇形外觀，也給人較吉利的感覺。

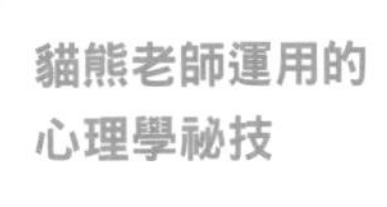
貓熊老師運用的
心理學祕技

特賣會

折扣
33% OFF
好便宜！

定價效應很容易讓人只關注在「折扣」上，事實上也可以巧妙運用於增額的心理效應。比方說「打折」、「折扣金額」要盡可能讓人覺得看起來便宜，**「折扣率」則要看起來打得多比較有效果**。與其標示折扣率「30%」，標示「折扣32%、33%」在心理上會有打了更多折扣的感覺。多用點心思在定價效應上，就能產生看起來較便宜或較貴的效果喔！

相關效應

→ 框架效應（P170）→ 錨定效應（P168）

即時偏誤

再等一年會得到追加的利息，
要多少才願意等呢？
10000
+?

中
心理效應

大
個人差距

「如果是今天可以得到1萬圓，但是多等一年能追加利息。要追加多少利息，能讓你願意等上一年？」是1,000圓？3,000圓？還是5,000圓？其中或許也有人覺得需要1萬圓吧？願意等候一年的金額因人而產生很大的差異。

10000
+?
100圓。
小波是腳踏實地
的類型。
我是腳踏實地
的企鵝。

利息金額不高因而不願意等待的人，把重點放在現在的價值，覺得未來的1萬圓價值會變低。相較於未來能獲得的利益或達成的目標，強烈傾向眼前的利益，就是**即時偏誤（現在取向偏誤）**。即時偏誤強的人屬於很難儲蓄的類型，也是暑假作業會拖延到最後才寫的人。

相關效應

→ 現狀維持偏誤（P163）

現狀維持偏誤

換成新手機比較划算喲！
可是，想到要換
就很擔心。
中
心理效應
大
個人差距

手機或網路等費率方案不斷推陳出新，但是頻頻更換便宜方案的人卻不多，人們不會積極地轉換改用便宜的方案，很可能是因為**現狀維持偏誤**的影響。

兔子方案
每月1,000圓
光輝方案
每月800圓
確實是比較便宜。
可是選項、
郵件等好像很複雜，
沒問題嗎？

所謂現狀維持偏誤，就是明明知道改變方案比較划算，但**對於變化感到不安，於是直接選擇維持現狀**的思考成見。而且有時候還會加上「因為手續很麻煩」等理由來安慰自己。到餐飲店總是點同樣的食物，也是基於這個心理效應的作用。

相關效應

→ 即時偏誤（P162）→ 迴避損失傾向（P156）

大鈔效應

歡迎光臨！
我只有萬圓大鈔，
怎麼辦？
J
10000

中
心理效應

中
個人差距

大
女性效果

錢包只有一張萬圓大鈔，喉嚨很渴時，你是否能毫不遲疑地在便利商店買飲料把錢找開呢？遇到這種時候，不想把錢找開的心情會很強烈。多數人會忍耐到要買其他東西為止。

10000

萬圓大鈔找開以後，

1000
1000

錢就很快花光的恐懼感。

把千圓鈔找開，懷著抗拒感的人雖然很少，一旦是萬圓鈔，不想找開的心情就會變得很強烈。然而，一旦找開了，就會放鬆節約的煞車，容易把錢花掉。這也是一種「不想損失」的迴避損失傾向，貓熊老師稱為**大鈔效應**。

出乎意外地男性能毫不在意地花掉。

10000

女性不太容易花掉。

10000

實驗

有個電視節目曾做了一次實驗，調查人們不喜歡把大鈔找開的程度。在健身房練習跑步，口渴的男女是否會把大鈔找開用來買150圓的飲料。錢包裡只有萬圓大鈔的男性，在休息時間輕易地就找開萬圓大鈔購買飲料；但是參加的四名女性都沒有花掉她們的大鈔。女性當中甚至有人拿出錢包看著飲料猶豫了半天，最後還是選擇忍耐。從實驗可以得知，不想把萬圓大鈔找開的心理，女性比男性強烈。迴避損失傾向同樣是**女性比男性更強烈**。

貓熊老師運用的心理學祕技

只有
大鈔……
10000

這次我
來付！
我的
王子！

這個心理效應男女差異很大，或許有部分男性很難理解，但若是能巧妙運用這個心理效應，就能和女性建立良好的交情喲！若是**遇到心儀的女性，結帳時男性最好要敏感一點**。即使是各付各的，也要巧妙地避免讓女性找開大鈔。直接說「今天我請客」雖然也可以，但當女性必須找開大鈔時，不經意地拿出零錢，更能留下好印象。即使只是10圓、100圓的效果也非常大。

相關效應

→ 迴避損失傾向（P156）→ 現狀維持偏誤（P163）

替代報酬

洋芋片
減肥…
咕嚕

中
心理效應

中
個人差距

在我們生活周遭充滿許多促進壞習慣的誘惑。比方說雖然想要減肥，但在上學途中除了有便利商店，還有速食店，置身於**自我控制十分困難的環境**。就算覺得減肥對健康有益，因為要達到效果很花時間，所以要貫徹到底非常困難。

牙膏據說也是替代報酬的一種。
更重要的是……

刷完牙後的清爽感，能成為
刷牙的報酬。

這時候**替代報酬**的思考方式會很有效果。倘若遇到出現成效必須耗費長期時間的狀況，就置換成短期報酬。不是一味忍耐，如果跑步完，就立刻做一件代替吃東西，能令自己快樂（報酬）的事，就容易持之以恆。

把樓梯設計成有如鋼琴鍵般，
提升了使用率。

實際

福斯汽車公司曾實施一項計畫，藉著把枯燥的事情變得更有趣，以改變人們的行為。瑞典有一處電梯旁就設置了很大的階梯，卻沒什麼人使用而感到困擾，於是透過這個計畫把樓梯設計成**有如鋼琴黑鍵、白鍵般，走上去會發出聲音**，結果樓梯使用率增加了66％。另外，在公園的垃圾箱設置丟進垃圾**會發出有趣聲音**的機關，把垃圾丟進垃圾箱的人因此增加，丟進垃圾箱的量增加到兩倍。

貓熊老師運用的
心理學祕技

減肥要持續下去不是靠忍耐。

準備替代報酬能有效持續。

如果決定以「多運動」來減肥，不妨先挑選喜愛的運動鞋或運動服。穿上可愛（帥氣）的打扮，因而感到愉悅就能成為替代報酬。而且稍微奢侈一點，買好一點的東西也很不錯，這麼一來就會產生**不用會很浪費**的心情。然後設定較短的達成期限給自己獎賞，就更能持之以恆喔！

錨定效應

你知道人類幾歲算
成年人嗎？
23
23歲。
23

大
心理效應
中
個人差距

我們會受到最初看到（提示）的數字強烈影響，以致影響後來的判斷，這就叫做**錨定效應**。一開始所提示的數字就像是船錨（定錨點）般發生制約作用，使人們容易受到這個數字的侷限。

12
12點

定錨點有時是不經意出現的數字。

動物園休息到
幾號？
12號吧？

錨定效應是一個很強烈的心理效應。然而，麻煩的是成為定錨點的數字未必是特別數字，有時也會發生無意識設定毫無意義數字的狀況。就算是有好幾個定錨點，仍是最初的定錨點作用最強。

65
非洲國家所占的
比例？
45%？

實驗

美國心理學家康納曼教授及特沃斯基教授曾進行一個實驗。他們在參加實驗者面前放置寫著0～100的俄羅斯輪盤，然後要他們把停下來的數字寫下來。接著再問他們：「你認為非洲國家占聯合國的比例為多少百分比？」其實這個俄羅斯輪盤只會停在「65」或「10」，結果輪盤停在「65」的實驗者回答的平均數字是45%，停在「10」的實驗者回答的平均數字則是25%。雖然輪盤數字和答案完全無關，但提示數字還是產生了定錨點作用，對於實驗者推測數字時產生很大的影響。

貓熊老師運用的
心理學祕技

照一般方式標出價格，
100圓

運用錨定效應覺得
更便宜。
100圓
150圓
好便宜！

購買汽車或貴金屬等奢侈品的價格很難得知究竟貴還是便宜。這一類物品一開始若設定的價格很便宜，這個價格就會成為定錨點印在腦海中。所以提供嶄新服務的估價單或是新商品定價，或許**不要太便宜比較好**。店鋪的商品價格，比方說在1,000圓標價畫紅線，標示成700圓，能令人產生瞬間覺得「很便宜」的心理作用，這就是運用錨定效應的祕技。

相關效應

→ 初始效應（P6）→ 對比效應（P174）
→ 定價效應（P160）

框架效應

敵人到處布滿陷阱，戰況處於嚴峻狀態。

A.逃入叢林，預估可有50人獲救。
B.往山區挺進，獲救機率為1/3，戰死可能性為2/3。

你是率領150位士兵的隊長，
會選擇哪一個呢？

大
心理效應

小
個人差距

數字會因為**呈現方式**而使得判斷基準改變。比方說上述的問題，你是率領150位士兵的軍隊隊長。你置身在敵人陣營，被迫做出選擇，你會選擇A或B的哪個路線呢？

50人可獲救！

受到獲救印象的影響。

戰死可能性
為2/3

即使叢林和山區的危險機率相同，
因為**呈現方式**令人覺得情況惡劣。

上面的提問，回答A的人占絕大多數。其實A和B獲救的人數比例相同。但是A表現的方式容易給人「獲救」的印象，因而多數人會選擇A而不是選擇提示「戰死」可能性的B。根據這樣的呈現方式，使得選擇產生變化，就是**框架效應**。

（第一組的選項如下）

A 這個治療法可有200人痊癒。

B 這個治療法600人當中有1/3可痊癒；剩餘2/3的人將會死亡。

（第二組的選項如下）

C 這個治療法將有400人死亡。

D 這個治療法1/3的人不會死，剩下2/3的人都會死亡。

實驗

康納曼教授和特沃斯基教授把參加實驗者分為兩組，問了他們相同的問題。「可怕的疾病在亞洲蔓延，推測死亡人數可能達600人，為了避免疫情擴大，有兩種治療法，你會希望採用哪一種治療法呢？」他們沒有給參加實驗者太多時間，希望他們憑直覺回答。結果第一組選擇A的人達72%；A和C其實說的是相同的事情，照理說若A是多數人的選擇，C應該也會是多數人的答案，然而第二組選擇D的人為78%，選擇C的人則只有22%。

貓熊老師運用的心理學祕技

這個巧克力75%的人讚不絕口。

這個巧克力4人當中有3人都讚不絕口。
我要買！

由於這個效應很強，若是巧妙使用，能運用於談判或商場，應該避免「令人覺得有損失」的表現。醫生說「存活率90%」及「死亡率10%」，雖然是相同意思，感受卻大不相同。另外，為了讓想像更鮮明，「每5個人當中有1人進行」就比「20%的人都在進行」更容易有具體印象。具體希望讓人付諸行動時，不妨設法運用這個技巧看看。

相關效應

→ 迴避損失傾向（P156）→ 松竹梅效應（P172）→ 確實性效果（P184）

松竹梅效應

竹套餐
比較好？
沒錯。
松 1,500圓
竹 1,000圓
梅 500圓

大
心理效應

小
個人差距

我們雖然會因應經濟狀況，來選擇昂貴或便宜的東西，但意外地實際上並非如此。例如居酒屋的宴會套餐或餐會套餐的選擇，遇到「特級」、「上選」、「大眾」等選項時，多半會**選擇「上選」**。如果是「松」、「竹」、「梅」選項時，則會**選擇「竹」**。

大家會不會
覺得太奢侈
而生氣？

團體聚餐時，選擇最好的怕其他人不高興。

菜色太差
大家會生
氣吧？

選擇最便宜的怕其他人不高興。

比較費用區隔時，人們通常不是仔細考慮內容，而是選擇「中間選項」。我們把這個心理稱為**松竹梅效應**。近年來，不拘泥「排場」的人增加，企圖避免損失獲得實際利益，選擇中間的套餐**令人有CP值很高的錯覺**。

居酒屋賣得最好的套餐

便宜的店
- 松2,500圓
- 竹2,000圓
- 梅1,500圓

竹！

高級的店
- 松6,000圓
- 竹5,000圓
- 梅4,000圓

竹！

實驗

貓熊老師調查了在東京及大阪餐飲店（約100家店鋪），客人經常選擇的宴會套餐。結果發現如果店鋪只有兩種套餐，則點高價位和低價位的人數較為平均，但是提供三種套餐的話，多數人都有**選擇中間套餐**的傾向，而且比例高達85.7%，這樣的選擇不分地區、平價店鋪還是高級店鋪，大家都是選擇中間的套餐。

貓熊老師運用的心理學祕技

希望對方挑的選項

A套餐　5萬圓
B套餐　4萬圓

A比較好

故意加上更高層級的提案

A套餐　6萬圓
B套餐　5萬圓
C套餐　4萬圓

就這
麼辦！

人們心理會傾向選擇中間的選項。所以想賣出的商品，建議不妨規畫出「特級」、「松」等高檔等級，想賣出的商品規畫成「竹」，再列出上、下的價格區域商品，顧客自然就容易選擇「竹」了。尤其是針對團體顧客的套餐，總幹事**「不想失敗」**，或是**「不想被大家譴責」**的心理很強烈，將會更加順利。也可以運用在家人或朋友身上，比方說旅行計畫，除了希望通過的方案以外，再規畫上、下層級的選擇，就更容易取得其他人的同意喔！

相關效應 → 迴避損失傾向（P156）→ 框架效應（P170）

對比效應

5,000圓
5,000圓
500圓

大
心理效應
中
個人差距

你是否曾有這樣的經驗？原本是去買高價的衣服，結果最後買了不需要的便宜襯衫、配件等？看了10萬、5萬圓的衣服後，就會覺得1萬、5千圓等商品感覺更便宜，這就是**對比效應**。錨定效應、松竹梅效應也可以說是類似的心理效應。

先看了昂貴的東西之後，

看到便宜的東西，
就會覺得更加便宜。

許多銷售人員都很清楚這個效應，所以一開始會**先推薦昂貴的商品**，接著再介紹便宜的商品時，就會覺得比實際上更便宜。有散財傾向的人最好要了解這個心理，先從便宜的商品開始挑選，才能克制浪費亂買的情況。

相關效應

→ 松竹梅效應（P172）→ 錨定效應（P168）

模式妄想

應該有什麼意義……

2 3 5 7 8 2 3 9 2
1 3 6 3 9 4 7 3 7
3 8 5 6 3 1 3 4 5
9 2 4 2 4 6 4 9 1

中
心理效應

中
個人差距

大
男性效果

人們很容易從不相關的事物間，企圖找出意義或共通性。在聖經中尋找暗號、在歷史事件中找出關聯性。這樣的傾向，喜好拆解結構或法則的男性尤其強烈，像這樣意圖在毫無關聯的事物間找尋關聯性的作用，就稱為**模式妄想**。

找找看。

蛤？

2 4 6 4 9 1

請多指教。（日語2469的諧音）

人都有討厭無秩序、無意義事物的傾向，而會試圖探尋其中的規律性，推測下一步的變化。尋找樂透等彩券規律的行為也是基於這樣的心理。

相關效應

→ 庫勒雪夫效應（P108）→ 預示效應（P109）→ 完形法則（P110）

預設效應

推薦菜色
三
串燒組合。
好喔。

大
心理效應

中
個人差距

大
男性效果

當有人推薦我們一開始就準備好的預設選項，我們都有輕易照單全收的傾向。比方說居酒屋的菜單，沒有比較單點的價格，就容易在店員推薦「綜合生魚片」、「串燒組合」比較划算時，就決定點了。

比較各種選項後再組合搭配很累。

如果是推薦選項，心理上會預期應當比較划算。

這就叫做「**預設效應**」，我們會對於有人推薦的預設選項，抱著一定比較划算的期望。討厭沒有秩序的事物、習於找出規律性的心理，以及什麼都要做比較，卻又覺得預設選項比較好，人類心理實在很有趣。

器官捐贈人數多的國家	器官捐贈人數少的國家
↓	↓
必須在表格上勾選拒絕捐贈	必須在表格上勾選願意捐贈
↓	↓
符合預設結果，參加捐贈人數很多	符合預設結果，拒絕捐贈人數很多

調查

行為經濟學權威杜克大學的艾瑞利教授，曾介紹過一個預設效應作用強烈的例子，在歐洲國家願意捐贈器官的比例，各個國家有很大的差異。但捐贈意願高和捐贈意願低的國家，竟然是和捐贈表有關。當事人若不願意捐贈，**必須明確表示拒絕**，勾選不願意捐贈器官時，結果變成「願意捐贈器官」的人很多。

如果是像日本一樣，願意參加捐贈的人必須在表格上打勾，結果就變成願意捐贈的人非常少。這就是預設形成的差異。

貓熊老師運用的心理學祕技

大家一起去旅行吧！

準備很多選項
→
刪掉不要的選項

想要的東西採取「追加」，或是不要的東西採取「刪除」的銷售方法，**後者的營業額壓倒性地上升**喔。這個效果告訴我們，必須重視銷售時應該採取什麼樣的預設。和朋友若是計畫去旅行，除了基本計畫以外，不是以「追加有趣的選項」，而是列出多重選項的計畫，然後「刪除不需要的選項」，能夠規畫出包含更多活動的旅行計畫。其他地方也不妨多加利用看看。

相關效應

→ 迴避損失傾向（P156）

淋浴效應

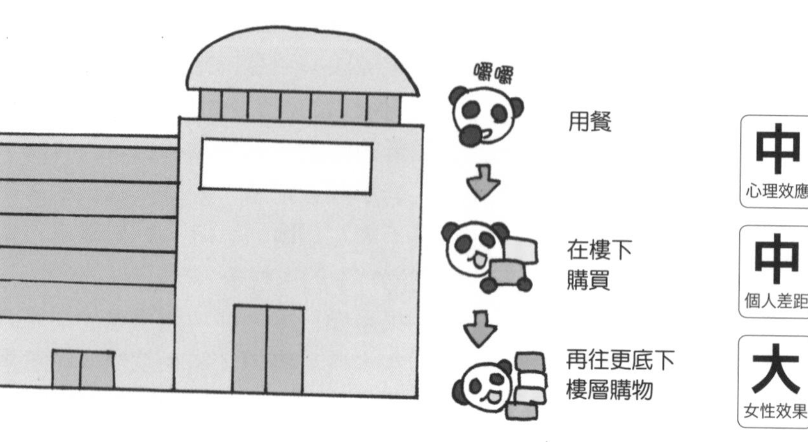
嚼嚼
用餐
在樓下
購買
再往更底下
樓層購物

中 心理效應
中 個人差距
大 女性效果

百貨公司思考形形色色的銷售策略後來規畫樓層及店鋪。最高樓層設置美食餐飲，較高樓層舉辦活動招攬顧客，讓客戶由高樓層慢慢往低樓層逛的動線設計，就稱為**淋浴效應**。因為難得到百貨公司一趟，所以也可以說是讓顧客「不知不覺買下來」的策略。

有吸引力的食品賣場集中在地下樓，讓顧客自然由下往上購買，稱為淋浴效應。

5F
1F
3F

有實驗數據顯示，當顧客懷著目的時，就可能四處看看到其他樓層購買，所以有必要準備目的型的提案。

近年來多樣化的消費者需求，光靠單純結構無法預期能獲得充分的淋浴效應。如何使店鋪、場所更有魅力，吸引消費者，「去逛某家店或場所就是目的」的規畫成為一大課題。

相關效應

→ 對比效應（P174）→ 迴避損失傾向（P156）

利用可能性

我碰到黑貓了喔！
糟了！我可能也會
遇到可怕的黑貓，
怎麼辦？

大
心理效應

小
個人差距

越是最近想到（引起注目）的事情，就越覺得發生機率越高，認為很重要的心理傾向。當發生凶殘的社會事件時，就覺得社會上充滿了凶殘的事件；看到空難事故的報導，就覺得飛機事故很多，覺得很危險，這就是**利用可能性**。

便利商店
比較多吧？

因為經常看到，
就錯認比較多。

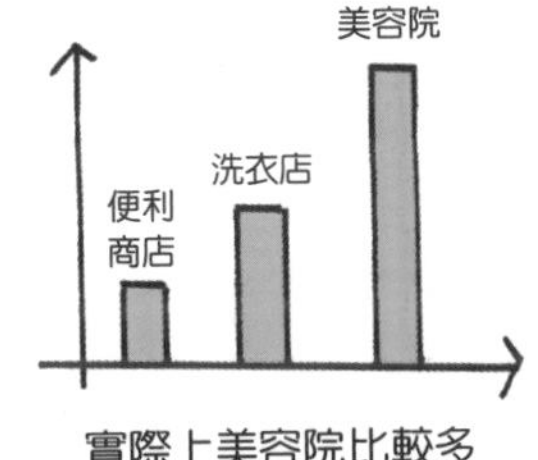
美容院
洗衣店
便利
商店

實際上美容院比較多

對於「日本的便利商店、洗衣店、美容院，哪一個比較多」的提問，多數人都回答「便利商店」，但實際上洗衣店及美容院遠比便利商店多。洗衣店約為便利商店的兩倍，美容院更是高達四倍。由於平時利用便利商店的人多，再加上常看到店鋪、招牌、廣告等，所以會產生店鋪數量也比較多的錯覺。

相關效應

→ 代表性（P182）

協和號效應

都到這個地步了，
怎麼能喊停？
再追加1億。

大
心理效應
小
個人差距

當開始一項巨大的投資，明知賠錢卻無法中途停損的心理作用。由於抗拒承認失敗，抱著情勢可能會好轉的判斷，這樣的心理稱為**協和號效應**，或者稱為估計過大的沉沒成本效應。

繼續　停止

損失5億　損失2億

即使明知會有更大的損失，

繼續
停止
損失5億
損失2億

一旦投資下去，就無法停止的心理作用。

如果中途放棄，利益反而更高，**照理說都會做這個選擇**。但是人們卻無法輕易選擇中途放棄，這個效應個人差距不大，是非常強烈的心理效應，如果很容易受到這個效應的影響，就不適合從事投資。

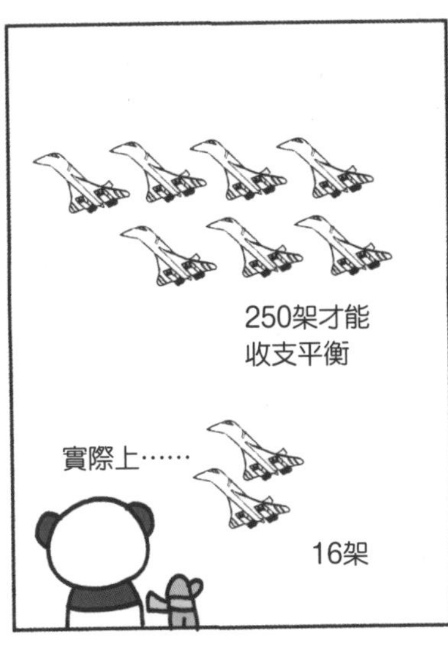
250架才能
收支平衡
實際上……
16架

由來

英國和法國合作研發的超音速客機協和號，在研發過程中困難重重。即使完成了，也需要很長的跑道，需要高額的運費及噪音等因素，早可預測不符開發成本。但是**由於已投入巨額投資成本**，所以無法喊停。繼續投資的結果，使得虧損日益擴大。原本計畫製造250架才能收支平衡，結果只生產了16架。由於這個失敗，因而把明知會虧損卻無法中途喊停的心理稱為協和號效應。

貓熊老師運用的
心理學祕技

不要過度短視，
只考慮眼前的事，
花掉好多成本。

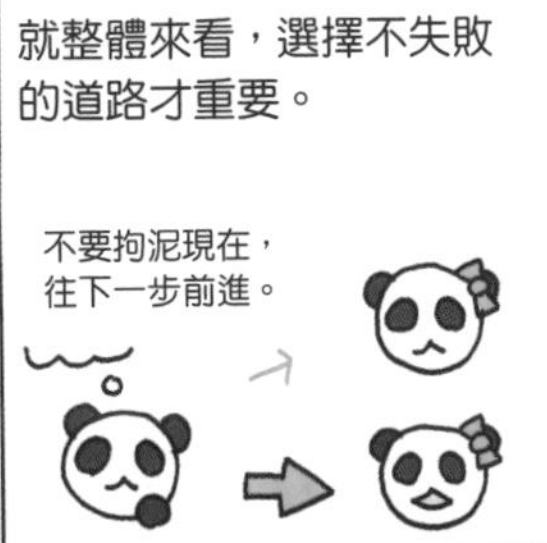
就整體來看，選擇不失敗
的道路才重要。
不要拘泥現在，
往下一步前進。

「都已經投資這麼多了，要是沒有收回成本就不能喊停」，這不僅限於投資活動，也是賭博或人際關係中常出現的心理作用。要擺脫這個心理作用，需要**「不能變成協和號」的強烈意志**。不是在一次的投資去看成功或失敗，而是必須就整個人生整體而言不要損失的宏觀視角。希望你不要輸給自己脆弱的心，保有「撤退的勇氣」。

相關效應

→ 迴避損失傾向（P156）

代表性

這個人的職業？
是「圖書館職員」，
還是「業務員」？

圖書館職員。

大
心理效應

小
個人差距

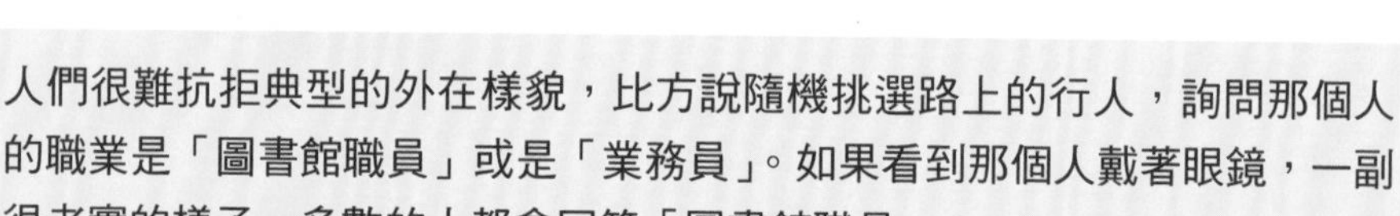

人們很難抗拒典型的外在樣貌，比方說隨機挑選路上的行人，詢問那個人的職業是「圖書館職員」或是「業務員」。如果看到那個人戴著眼鏡，一副很老實的樣子，多數的人都會回答「圖書館職員」。

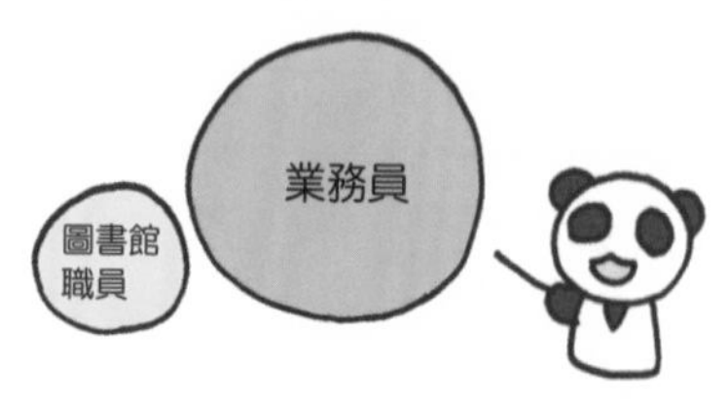
業務員
圖書館職員

從事業務銷售的人遠比圖書館職員多，是業務員的可能性很大。

圖書館職員
業務員

人們卻容易以印象特徵來判斷。

從職業概率來看，業務員絕對遠比圖書館職員來得多，可能性也很高，但是人們看到典型的外觀，卻會做出不合理的判斷，這就稱為**代表性**。這個代表性在經濟活動上，會無視於機率而做出誤判。

①銀行櫃檯人員

②進行女性解放運動的銀行櫃檯人員

實驗

康納曼教授及特沃斯基教授曾設計過一個很有名的提問。「單身、31歲的琳達，總是直率敢言，非常知性。大學時主攻哲學，學生時期對於社會正義問題極為關心，也曾參加反核示威活動。她未來最有可能做出的選擇是什麼呢？」希望你從左邊的兩個選項選擇其中一個。結果80%的人都選②。「銀行員，也是女性解放運動的活動分子」也包含在「銀行員」裡面，所以選①的人較少實在很奇怪。但是，由於詳細的敘述更能令人感受到典型，所以很容易做出②的選項。

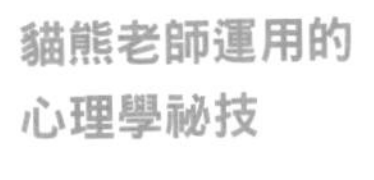

貓熊老師運用的
心理學祕技

當媒體報導嚴重疾病時，強烈受到影響以致做出不合理的預防判斷。

報導紅火蟻的消息。

但是不能忘了概率高的危險事物。

嗯，要多洗手。
也要小心一般的疾病。

由於代表性，人們會受到代表特徵的影響而誤判原本的概率。比方說國外發生死亡率極高的傳染病，我們就會採取超過需要程度的預防措施。因為這個緣故，對於其他疾病的預防就會變得較淡薄。但實際上，與國外的傳染病相較之下，流行性感冒或高血壓等重大症狀的概率更高。而且，當流行性感冒流行時，抗菌商品熱賣，但反而忘了要勤洗手等。希望大家應該避免遺漏就概率而言更危險的事物，請不要輕忽了。

相關效應

→ 刻板印象（P92）→ 框架效應（P170）
→ 利用可能性（P179）

確實性效果

A　可確實獲得5,000圓

B　有10%的概率可獲得6萬圓

5000

抽獎券

大
心理效應

小
個人差距

看上圖，假設你能得到A或B的其中一項，你會選擇A還是B呢？A的期待值是5,000圓，選A的話100%可以確實得到5,000圓。但是B的期待值是6萬圓的10%，所以比選A可以多賺1,000圓。

A比較好。

多數人會選擇確實可獲得的事物。

要是失敗了
怎麼辦？

即使概率很高，也忍不住想到失敗的後果。

然而問了594人這個問題，卻有90%的人選A。雖然選B有獲利更高的可能性，但一般人卻難以抗拒「確實能得到」這句話，即使不划算仍會傾向選擇確實的事物，這就稱為**確實性效果**。

相關效應

→ 現狀維持偏誤（P163）

賭資效應

中
心理效應

大
個人差距

一般在經濟學中，不論是採取什麼樣的獲利方式，都不會影響獲利10萬圓的價值。然而在心理學中，**「以什麼方式獲利的錢」**卻會使價值發生很大的變化。賭博賺來的錢英文稱為「House Money」，「House」指的是賭場。

1000
1000

工作賺來的錢和賭博贏來的錢價值不同。

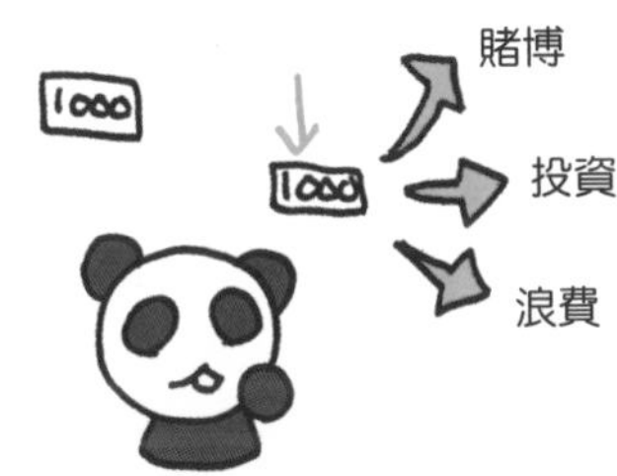
1000
1000
賭博
投資
浪費

賭博贏來的錢即使有損失也沒關係，所以容易亂花。

藉由賭博賺來的錢，比較容易隨便花掉，這就稱為**賭資效應**（House Money Effect）。賭博獲利的錢，投入高風險的投資、輕易浪費的機率高了很多。

相關效應

→ 即時偏誤（P162）→ 迴避損失傾向（P156）

片面提示／兩面提示

這個商品優點是〇〇。

雖然有〇〇優點，
但有〇〇的小缺點。

中
心理效應

大
個人差距

商場上會遇到各種不同的交易狀況。當說明商品時，如果只強調該商品的優點，稱為**片面提示**；相對的，若是優點和缺點同時提示，則稱為**兩面提示**。雖然我們習於使用只強調優點的片面提示，但其實巧妙使用兩面提示的話，效果更好。

很可疑。
值得信賴。
片面提示
兩面提示

尤其是面對聰明的對象，確實說明缺點更容易贏得信賴。但若是單純且迴避損失傾向強烈的對象，則是運用片面提示來強調優點效果較好，說明順序為**優點→缺點→優點**。

相關效應

→ 錨定效應（P168）→ 初始效應（P6）→ 迴避損失傾向（P156）

幅度效應

分期付款買？
遊艇

中
心理效應

大
個人差距

購買高價物品時，即使一次付清覺得「很貴」，改成分期付款後，昂貴的感覺就會變得淡薄，而在不知不覺中買下來。因為支付金額大小使得選擇或行為不一致的變化，就稱為**幅度效應**。

即使一次付清覺得高價，

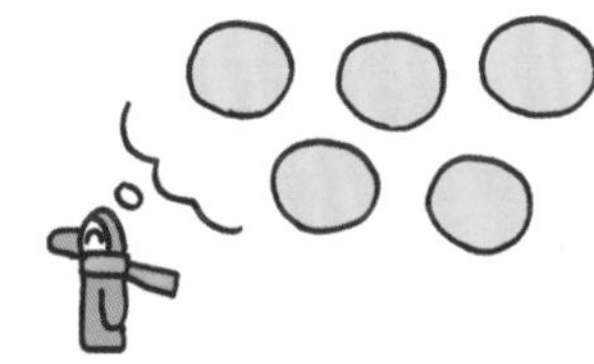

想到可以分期付款，
總價高的感覺就會變淡。

另外，我們每天置身於折扣、累積點數的促銷活動中，有關「折扣」和「累積點數」哪一項較能促進購買動機的調查發現，當商品單價低，折扣及累積點數率也都不高的情況下，累積點數比打折更能促進營業額提升。

部分強化

會中！會中！
這次一定會中！
1等
高級魚
一年分
抽獎

大
心理效應

大
個人差距

大
男性效果

社會上熱衷賭博的人相當多，會覺得賭博有魅力的一個主因，是因為**部分強化**的心理效應。這是對於某個行為能夠獲得的報酬次數不確定時，乾脆採取獲取報酬的行動，並且覺得有趣的心理。

會中？
還是不會
中呢？

不知道會不會中的地方
正是魅力。

這次會中！

賭徒想像的總是
對自己有利的方向。

這個效應以腦內荷爾蒙的關係來看，對男性有強烈作用。根據大型廣告代理店的調查，回答喜歡賭博的男性占18.7%，相形之下，女性僅占了3.8%。根據資料顯示，**沉迷賭博的男性**遠比女性多達6倍。

相關效應

→ 迴避損失傾向（P156）

第6章

其他心理效應

從色彩心理學到發展心理學

- 色彩心理
- 發展心理
- 犯罪心理

接下來要說明的是從各個領域整理出的心理效應。

這一章想要跳脫單一領域，說明形形色色的心理效應。色彩的有趣心理效應、助長犯罪的心理效應、運動競賽前運用就能發揮效果的行動等，解說有關色彩心理、發展心理、犯罪心理、運動心理等，雖然不是常見卻很有意思的各個領域心理效應。

龍宮效應

中
心理效應
中
個人差距

色彩對心理會產生不可思議的作用。比方說會混淆時間感的心理效應。看著紅色、橘色等暖色系，會覺得**時間過得很慢**；而看著藍色等寒色系，則會覺得**時間過得很快**。

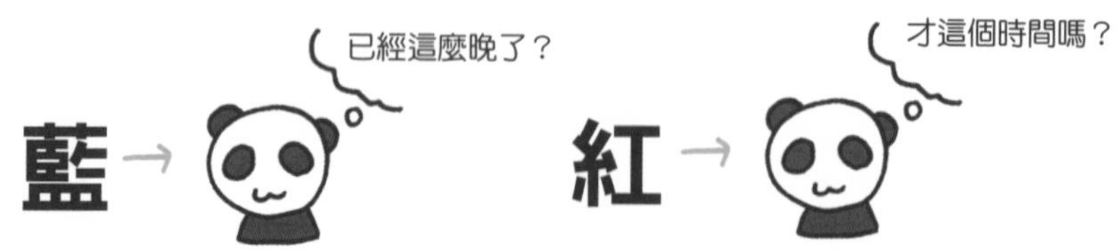
已經這麼晚了？
藍
才這個時間嗎？
紅

看著藍色覺得時間特別快。

看著紅色覺得時間特別慢。

貓熊老師把這個現象稱為**龍宮效應**。日本民間故事中的浦島太郎在海裡，待在四周一片蔚藍的龍宮樂而忘返，等他回到人間時流逝掉的時間漫長到令人難以置信，因而用來命名。待在藍色的環境下，實際經過的時間遠比身體感受到的更快。

紅色裝潢用於業務部門等。
藍色裝潢用於創意空間。

研究

企業或大學對於顏色與心理的研究日新月異，因應目的使用不同色彩的內部裝潢。有些公司把用來討論事情的房間布置成寒色系，為了使人覺得時間過很快，另外，藍色的裝潢能提高溝通能力，在引發創意的會議或腦力激盪時使用。

橙色、紅色有助於帶出明亮、熱情、活潑的情緒，是業務部門偏好的色彩。不受限於牆壁就是白色或米白色的既定觀念，而是以各種色彩實驗來檢驗各種效果。

貓熊老師運用的
心理學祕技

在速食店約碰面很容易變得煩躁。

約碰面的話，適合在藍色系或色調沉穩的咖啡館。

因為方便等因素，很多人會選擇速食店作為碰面地點，但其實不適合約在速食店碰面。因為速食店的目標是**在短時間內提高滿足感，提升翻桌率**，所以在這裡等人，往往容易變得煩躁。要約碰面的話，不妨選擇綠色或沉穩色調的咖啡館。

相關效應

→ 前進色效果、後退色效果（P192）→ 色彩重量錯覺（P193）
→ 色彩睡眠效應（P194）

前進色效果、後退色效果

大
心理效應
小
個人差距

不同的色彩，有些顏色看起來會往前方凸出，有些色彩卻有往後方凹進的效果。看起來往前凸出的顏色是紅色、橙色等明度、彩度高的顏色（亮色、鮮豔色），看起來向後凹進的顏色則是藍色、藍紫色等明度、彩度低的顏色（暗色、暗沉色）。

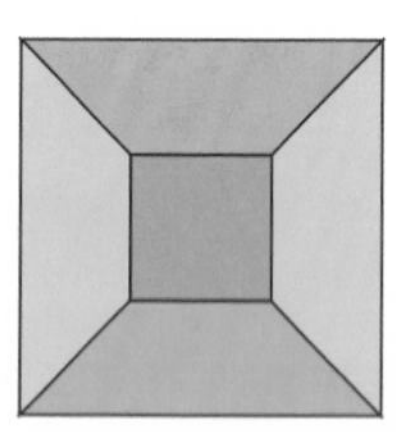

暖色系有看起來往前凸出的感覺。

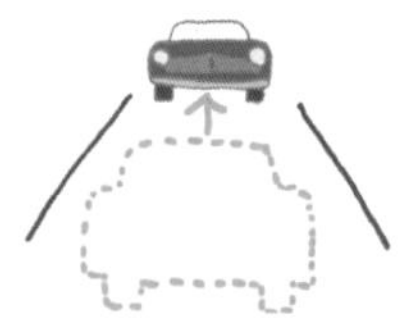

藍色汽車看起來比實際位置更後方。

這樣的色彩效果稱為**前進色效果、後退色效果**。比方說寒色系房間比暖色系房間看起來更大。藍色汽車和紅色汽車明明停在相同的位置，我們卻覺得藍色汽車位置停在紅色汽車後面７公尺左右。也曾有數據顯示，藍色車因為遠比實際位置看起來更後面，所以交通事故比較高。

※這個效果不僅是因為心理效應，也受到眼睛功能（顏色的折射率）的影響。

相關效應

→龍宮效應（P190）→色彩重量錯覺（P193）→色彩睡眠效應（P194）

色彩重量錯覺

187g
100g

大
心理效應

中
個人差距

不同色彩在感受上會覺得重量也不同。拿著塗上白色和塗上黑色的箱子，給人在重量感受上南轅北轍。曾有實驗證明，100公克的黑色箱子和187公克的白色箱子看起來的重量相同。白色在心理上給人的感受較輕盈，黑色則是沉重的顏色。貓熊老師把這個現象稱為**色彩重量錯覺**。

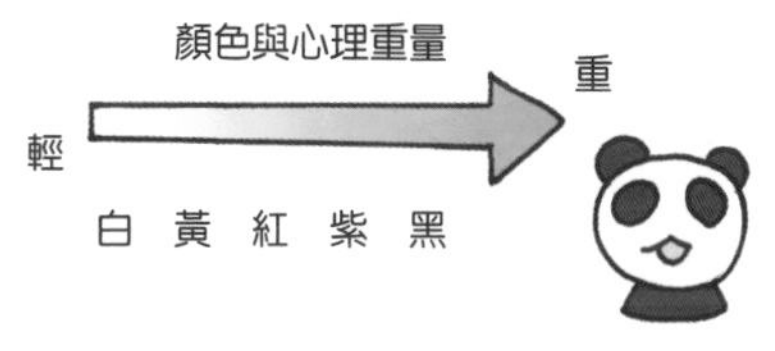
顏色與心理重量
輕
重
白　黃　紅　紫　黑

金庫要用黑色比較合適

如果小型金庫採用白色，心理上會覺得比較輕，容易抱著逃逸。使用黑色、深綠等看起來較重的色彩，**在心理上也是較理想的色彩**。搬家用的紙箱，白色較能減輕心理負擔，也是較合適的顏色。

相關效應

→ 刻板印象（P92）→ 龍宮效應（P190）
→ 前進色效果、後退色效果（P192）→ 色彩睡眠效應（P194）

色彩睡眠效應

藍

中
心理效應

中
個人差距

藍色有鎮靜作用，注視藍色能夠使心情平靜，變得更冷靜。而且據說藍色可以提高身心的恢復能力，也有減少惡夢的效果。在血壓和色彩影響的實驗中，藍色也有使高血壓下降的作用。

藍

藍色有鎮靜作用

紅色有興奮（清醒）作用

另外，據說藍色睡衣、棉被有促進良好睡眠的作用，藍色可以發揮**色彩的助眠效果**。失眠的人不妨多看藍色或穿著藍色的衣服，相反的，早上起不來，或是必須保持清醒時，不妨穿紅襯衫或注視紅色的東西。

相關效應

→ 龍宮效應（P190）→ 前進色效果、後退色效果（P192）
→ 色彩重量錯覺（P193）

柏金赫現象

國道
1
啊！藍色！

中
個人差距

在明亮的場所，紅色是能見度高、顯眼的顏色。然而到了傍晚，紅色就變得沒那麼醒目，反而是藍色看起來較明亮，在遠處也看得到，這是以發現者捷克的生理學家的名字，命名為**柏金赫現象**。

紅

在明亮的場所紅色看得很清楚。

藍

變暗時，藍色的能見度上升。

這種現象是因為眼睛的桿狀細胞影響，暗適應和明適應的最高能見度不同而產生的現象。在明亮的地方紅色能見度最佳，但是變暗時，能見度就變成藍色看得較為清楚。

相關效應

→ 暗適應（P100）→ 明適應（P101）

嬰兒圖式

大
心理效應

小
個人差距

大大的臉蛋、圓圓的臉頰、大眼睛、小巧的鼻子，臉上的五官稍微集中在下方，有如小嬰兒的臉，具有人類本能會覺得可愛的要素。這類小嬰兒特徵稱為**嬰兒圖式**。

臉部五官集中在下半部。

嬰兒有許多令人不由自主覺得可愛的要素。

這樣的特徵會激起「想保護對方」的庇護欲望，雖然是養育子女的動機，在現實社會中也可以運用在商業效果。**受歡迎的吉祥物**就是運用嬰兒圖式，製作成人們基於本能會喜愛的造型。另外，卡通人物造型都畫成大大的黑眼珠，也是運用嬰兒圖式，讓觀看的人不由得感覺「好可愛」，能夠提升好感。

互相激勵

中
心理效應

中
個人差距

棒球、排球等團體比賽前，運動員圍成一個圈圈，在這個圈圈中凝聚隊友的共識，讓心情振奮，這就是**互相激勵**。如果說暖身是身體的準備動作，互相激勵就是心理的準備動作。負有按下比賽前進入緊張狀態開關的功能。

組成圓陣，讓彼此更團結一心，也有進入緊張狀態的功用。

戰國時代的吶喊聲也是一種相互激勵。

日本戰國時代的士兵在上戰場前，高喊「耶耶喔」也算是一種互相激勵。

破窗理論

嘿嘿！
獅子到此一遊！

大
心理效應
中
個人差距

窗戶破了卻置之不理，就會讓人覺得住宅沒人管理，容易有人任意塗鴉或非法進入，逐漸形成荒廢狀態。這種狀況，就像忽視輕微犯罪很可能擴大到整個區域的犯罪，稱為**破窗理論**。

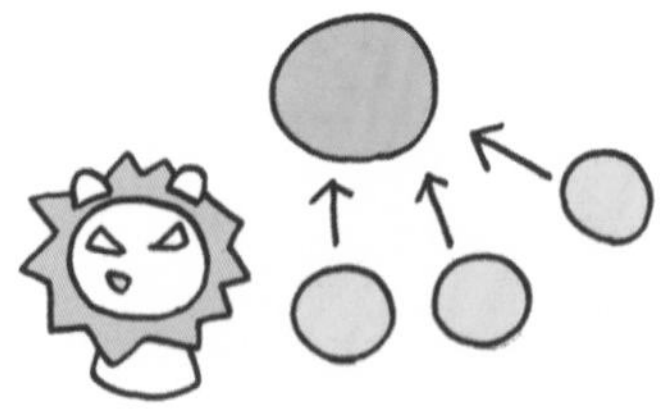

小小的犯罪會形成巨大的犯罪。

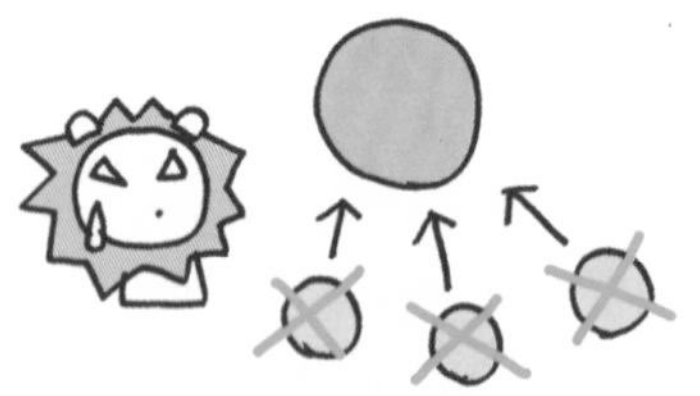

防止微小犯罪的發生，
就較難發生巨大的犯罪。

紐約交通警察局根據這個理論，**花了五年時間清除所有的塗鴉**，因而大幅減少了凶殘的犯罪事件。由於這件事的成功，朱利安尼市長徹底取締一些小型犯罪，使得**犯罪率大幅減少**，洗刷紐約是美國最大犯罪城市的汙名。

灰姑娘情結

中
心理效應

大
個人差距

大
女性效果

即使長大成人，仍然有女性夢想著是否會有如同王子般的傑出男性，來迎接自己。這樣的心理稱為**灰姑娘情結**。形成這種心理的根源，是依賴男性的傾向，以及認為不能失敗的強烈迴避損失傾向。

形成這種心理的根源，
是對男性依賴的傾向，

我絕對不會有一個
失敗的婚姻。

以及迴避損失傾向。

這樣的人是因為從年幼開始就相信女性的幸福由男性決定，對男性抱持較高的理想。放棄這樣的夢想，和普通人一樣結婚成為主婦後，失去自主性的傾向很強。在迴避損失傾向相當高的現代社會，這樣的女性仍在增加。

相關效應

→ 潛意識（P69）→ 迴避損失傾向（P156）→ 自我認同（P74）

彼得潘症候群

大
心理效應

大
個人差距

大
男性效果

自尊心強喜歡說大話，卻是玻璃心，容易受傷的膽小鬼。雖然身體已發育成大人，言談舉止卻像是個小孩一樣，或許就是**彼得潘症候群**。

比方說這些特徵

- □ 喜歡兒童取向的卡通。
- □ 一直想當個小孩。
- □ 沒什麼責任感，犯錯總是難以道歉。
- □ 無法接受和自己不同的意見。
- □ 沒興趣的事物基本上毫不關心。
- □ 對工作有很多不滿，但也不努力改善。

美國心理學家凱利提出的一種人格障礙。雖然並未列入正式的心理學用語，但一般用於指稱**長不大的成人**。缺乏責任感、強烈不安、孤獨感等顯著症狀，近年來這樣的男性有增加的傾向。

相關效應

→ 自我認同（P74）

羅生門效應

是熊拿走
香蕉。
是獅子幹
的好事。
是貓熊拿走
我的香蕉！

大
心理效應

中
個人差距

發生了問題，每個人都各執一詞時，真正的事實應該只有一個，卻因為每個人的主張相互矛盾，無法求得真相，這就是**羅生門效應**。

那是A
那是B

每個人都修改對自己不利的記憶，
並沒有自己在說謊的自覺。

典故來自黑澤明執導的電影《羅生門》。劇中發生的殺人事件，加害人、受害人的證詞每個人都不相同，以致造成事實的混淆不明。這並不是所有人刻意說謊，而是因為說詞都以對自己有利的方式呈現，因而造成羅生門現象。因為所謂的真相往往因人而異。

代理型孟喬森症候群

我很努力。
ニャー
中
心理效應
大
個人差距

你是否曾有這樣的經驗，因為希望在工作上的努力得到認同或注目，所以就在熟人面前強調工作有多麼辛苦？這樣的心情若是變本加厲，甚至會為了獲取周遭或醫生的**同情與關注**，而偽裝自己有病，這叫做**孟喬森症候群**。

希望別人認同
自己的努力。
希望搏得別人
的同情。
由於強烈的認同需求，甚至傷害自己或虐待孩子。

另外，有的母親則是會傷害自己的孩子，讓自己的孩子生病服藥，扮演為孩子犧牲一切，以吸引他人的同情，稱為**代理型孟喬森症候群**。特徵是醫學知識豐富，熱衷學習，具有即使醫療相關人員也難以識破的智慧。通常是扮演重病兒童的母親，吸引周遭關心，獲得自我精神上的滿足，甚至成為一種虐待。

相關效應

→ 認同需求（P8）

斯德哥爾摩症候群

請加油！
我支持你！

大
心理效應
中
個人差距

在誘拐或監禁事件中的受害人，原本憎惡犯人，但有時卻會不可思議地對犯人抱著同情或好感。這樣的症狀稱為**斯德哥爾摩症候群**。1973年在斯德哥爾摩發生挾持銀行人質事件，人質竟然同情犯人，對警察採取敵對行為。因為這個事件而有此命名。

‧封閉空間
‧非日常
‧緊迫的時間

特殊情況下對犯人產生同情、認同感。

犯人和人質在封閉空間**長時間共處在非尋常狀態**，因而有了更強烈的認同，產生同情犯人的感情。淀號劫機事件，也有證詞說乘客協助犯人，和劫機犯產生奇妙的連帶感。也有一種說法認為，人們處在極限狀態時，為了做出合理判斷（為了求生存而向犯人靠攏），大腦所產生的錯覺。

過勞症候群

憂鬱

中
心理效應

大
個人差距

有時候原本幹勁十足地努力，突然間幹勁全消，完全迷失了自己的目的。輕度的情況或許很多人都經歷過。這個症狀若是長期持續，症狀變得更嚴重時，或許就會演變成**過勞症候群**。不僅是沒有幹勁，有時還會伴隨煩躁、自卑、失眠、頭痛等各種症狀。

比方說可能會出現這些徵兆

- ☐ 最近忘了約定或名字的情況變得頻繁。
- ☐ 笑的時間減少了。
- ☐ 有些不想見到的人。
- ☐ 自發性的活動減少了。
- ☐ 認為說好的期限絕對不容許延遲。
- ☐ 有頭痛、失眠的困擾。

一般而言，完成某件事後，「沒了下一個目標」，或是「沒有獲得相對的代價」，就很容易產生這樣的症狀。另外，有時候是**完成以前過度的壓力，以致心靈生病的情況**。責任感強烈的人，逞強努力地把自己逼到絕境的結果，還沒達成目標前內心已千瘡百孔。

神之眼效應

要是丟在這裡
會遭天譴……
大
心理效應
中
個人差距

在非法丟棄保特瓶或塑膠類垃圾的農場道路上，收集廢棄物的公司設置小小的鳥居後，亂丟垃圾的情況大減。即使設置監視器也沒有鳥居的效果顯著，但為什麼會發生這樣的現象呢？

即使不信神的人，也會在意有神在看（要是遭到天譴就慘了），在鳥居前就比較不會亂丟垃圾。

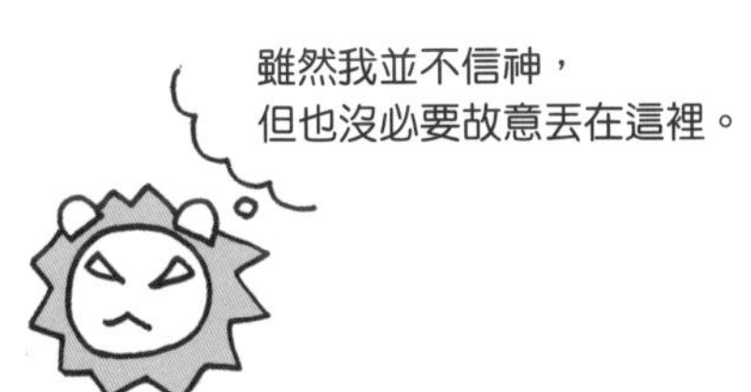
雖然我並不信神，
但也沒必要故意丟在這裡。

日本人在新年參拜或大考前祈願合格的人很多，但平時稱不上信仰虔誠。不隨手亂丟垃圾，害怕的是「天譴」。**只有在需要時才求助神的力量**，要是亂丟垃圾，產生「萬一遭天譴就糟了」的想法，覺得做壞事好像冥冥中會被人看見，貓熊老師把這種心理稱為**神之眼效應**。

相關效應

→ 迴避損失傾向（P156）

遭排擠的痛苦

好痛！
你走開！
好痛！
LINE或電子郵件容易使疼痛感變淡。
不要來！
不要來！
好痛！
大
心理效應
小
個人差距

人類不像動物般擁有尖牙銳爪，也沒有天生健步如飛的雙腳，在動物界中其實很脆弱，因此人類的老祖宗選擇形成團體，互助合作的道路。這樣的選擇經過無數世代交替，人類基因中的親和性心理逐漸增強。雖然因人而異，但我們期望歸屬於團體的心理強烈，擁有**所屬欲求**。

即使被排擠也無所謂。

其實很痛。

雖然有人會說「被排擠也無所謂」，其實人類歸屬欲求很強，幾乎所有人都期望能歸屬於群體。

因為是非常強烈的欲求，所以相反的，無法歸屬而**遭排擠的痛苦**就非常強烈。根據2003年日本科學雜誌刊載的研究，「在社會上遭受排擠時，腦部活動和身體疼痛類似」。另外，排擠他人者同樣也有和身體疼痛時類似的腦部活動。排擠行為無論對排擠者或受排擠者都會帶來痛苦。LINE或電子郵件因為看不到對方的臉，所以對痛苦的感覺會變得遲鈍。希望大家能夠理解，被排擠在群體外的霸凌行為所帶來的疼痛，和身體的疼痛不相上下。

第7章 心理學的研究者

這一章要介紹歷代
心理學家喔！

最後要介紹的是研究心理學的著名學者。心理學整理成體系化的學問雖然是近年的事，但心理學的根源久遠，最早可追溯到希臘時期。另外古埃及時期據說也有心理學的思想。這裡為了讓讀者對心理學的興趣更深入，簡單介紹主要流派的研究者。

研究者

柏拉圖

（古希臘哲學時代）
西元前427年～西元前347年

要確實畫出心理學誕生的分界線很困難，不過若是就邏輯性地研究心理學的開端，可追溯到古希臘時代。這個時期，心理學也是哲學。蘇格拉底的弟子，也是哲學家的**柏拉圖**，認為心和身體是分開的，人死後心仍以**理型**（Ideas／本質）存留下來，而且現實世界的概念都只是影子。

另外，柏拉圖認為理性才能控制意志與欲望，他稱為**靈魂三分說**。

亞里斯多德

（古希臘哲學時代）
西元前384年～西元前322年

涉足自然學、倫理學、生物學、心理學、政治學、藝術論等多項領域的研究，堪稱萬學宗師的偉大人物。也曾擔任亞歷山大大帝的老師。雖然柏拉圖是他的老師，但他對於柏拉圖的理型論有所批評，主張必須客觀地認識事實。除了以邏輯性的方式研究人的心靈，在他的著作**《論靈魂》**中，論述有關視覺、色彩、聽覺的認知，以及被動的理性、思考力等現代心理學仍通用的課題。

勒內・笛卡兒／約翰・洛克

（天賦說與經驗論）

勒內・笛卡兒／1596年～1650年

約翰・洛克／1632年～1704年

法國哲學家也是數學家的**笛卡兒**，主張物質（身體）和精神（心理）是不同且獨立的存在，彼此沒有交集，他稱為**實體二元論**（心物二元論）。此外，笛卡兒還認為「人類生來就具備超跨經驗的知識」之天賦觀念說。然而，英國的**洛克**則否定笛卡兒的天賦觀念說，他認為人類剛出生時，心靈就像一塊**白板（心靈白板）**，主張觀念必須透過經驗的重複累積而成。

威廉・馮特

（揭開近代心理學序幕）

1832年～1920年

內省法

1879年**馮特**在德國萊比錫大學創設心理學實驗室。結果來自歐洲、美國甚至日本等研究心理學的研究人員聚集而來。因為這個實驗室，誕生一門嶄新的「心理學」學問研究。馮特以**內省法**的研究手法，給予參加實驗者刺激，調查參加者的思考。馮特以內省法研究意識，分析心理呈現的要素，主張根據要素構成意識的結構主義。

然而，馮特的結構主義卻受到多數研究者的批判，心理學發展為二十世紀心理學三大潮流（行為主義心理學、格式塔心理學、精神分析學）。

威廉・詹姆士

（意識流理論）

1842年～1910年

心理改變，行為就會改變；
行為改變，習慣就會改變；
習慣改變，人格就會改變；
人格改變，命運就會改變。

知道德國馮特的實驗心理學，參加科學的心理研究，1875年在美國設立第一間實驗室，將德國的實驗手法引進美國，**詹姆士**因而被稱為美國心理學之父。他反駁馮特靜態要素的意識感，主張人類意識是動態印象或概念如流動般相連在一起的「意識之流」。強調意識是不斷持續演進的一連串流動狀態。對於只用生理學說明人類精神狀態抱著疑問，認為並不充分，而進一步探討哲學之路。

伊凡・巴夫洛夫

（古典制約）
1849年～1936年

叮鈴

俄國生理學家**巴夫洛夫**先搖鈴再餵狗食物，反覆這麼做的結果，發現只需搖鈴，狗就會流口水。他把像這樣後天形成的反射動作稱為條件反射，這就是有名的**「巴夫洛夫的狗」實驗**。狗的條件反射、無條件反射實驗對於行為主義心理學發展帶來很大的影響。行為主義心理學是進行人類行為客觀研究的**約翰・華生**所提出的研究。

約翰・華生

（行為主義）
1878年～1958年

附帶恐怖條
件的實驗

主張心理學的目的是行為的預測及控制，反對以精神分析為中心的非科學性實驗心理學，強調心理學是以客觀的態度去研究外在可觀察的行為之**行為主義心理學**。**華生**受到巴夫洛夫的影響，認為行為單位是刺激與反應的結合而產生。華生極端的想法是「人類行為是肌肉、腺體、內臟的機械性反射」，而後遭批評為「沒有意識的心理學」。1921 年因為外遇問題而無容身之處，轉換跑道成為企業家（廣告代理業）。

西格蒙德・佛洛伊德

（精神分析）
1856年～1939年

奧地利精神科醫師**佛洛伊德**是精神分析學創始人，即使到了現代仍能對各種領域帶來影響的著名研究者。他認為人的行為受到當事人未意識到的**「潛意識」**影響。把了解的心理結構運用於心理治療。然而當時的學會無法接受他的觀念，視他為異端。他分析夢境作為了解潛意識的手段，透過**夢的解析**，探索人類內心深處。現代仍有佛洛伊德主張的許多學說，加上科學根據，成為心理諮商的基礎而加以運用。

研究者

卡爾・古斯塔夫・榮格

（分析心理學）
1875年～1961年

会長

出生於瑞士，在蘇黎世大學成為精神病學家尤金・布魯勒的助手，後來個人開業的**榮格**受到《夢的解析》影響，與佛洛伊德交情甚篤，但後來由於看法分歧，兩人漸行漸遠。榮格就佛洛伊德的理論基礎，加上潛意識有兩個種類的詮釋，衍生成**分析心理學**。他的理論主張，除了一般的潛意識，還有因人而異的**自卑情結**產生後天的潛意識。後來榮格關注歷史、宗教，甚至跨越心理學框架，研究靈與魂等領域。

阿爾弗雷德・阿德勒

（個人心理學）
1870年～1937年

奧地利出身的精神科醫師，也是心理學家的**阿德勒**，雖然原本學習的是醫學，因為佛洛伊德的邀請而參加研究會，並且和佛洛伊德一起致力投入國際精神分析協會的設立，並成為主席。雖然他原本是對佛洛伊德的精神分析感興趣，後來因為不認同他強調**性本能**（libido），於是創立了比精神內部更注意對人關係的實踐性個人心理學（阿德勒心理學）。他認為人類的行為在於克服自卑感及追求優越性。阿德勒心理學是謀求孩子的獨立自主及社會性發展的方法，也在現代運用於照護高齡者。

馬科斯・韋特墨

（格式塔心理學）
1880年～1943年

生於捷克，於德國柏林大學研讀心理學的**韋特墨**，於1912年發表「似動現象實驗研究」。似動現象指的是在極短的時間間隔以閃爍的光線刺激時，靜止的物體看起來彷彿是移動的（知覺到並非真實存在的運動），而這樣的現象產生了**格式塔心理學**。格式塔是德文Gestalt的譯音，意為「動態的整體」、「形塑」，簡單來說即「模式、形式」等，認為人類的精神並非部分或要素的集合，整體性、結構才是應該要重視的思想。

貓熊老師和小波從今以後

①
心理學的效應真是包羅萬象。我學到了好多，比方說……
嗯！ 嗯！
②
和別人碰面時，第一印象很重要，必須注意外表。
臉、髮型
服裝
儀容
③
有求於人時，不妨邊用餐邊提出請求。
④
讚美別人時，巧妙地透過第三者更有效。
⑤
不要受限於既定觀念，以刻板印象評價他人。
戴著眼鏡
應該很認真
⑥
比起拘泥自己的名字叫什麼，更重要的事情不勝枚舉。
⑦
如果要和他人和諧相處，比名字、外表更重要的，是善用心理學，成為一個成熟的大人。
⑧
沒錯。我已經沒有可以教小波的事情了。

⑨
但是，貓熊老師為什麼不厭其煩地教我這麼多呢？
⑩
原來……
其實貓熊最初來到日本時，日本為了禮尚往來，也送給中國企鵝。
⑪
那時的企鵝就是小波的爺爺。
⑫
謝謝你。
不客氣，謝謝你。
⑬
說不定你爺爺覺得小波沒有變成國王企鵝或鳳頭黃眉企鵝才好呢！
⑭
小波接下來有什麼打算？要回去你父親身邊？
⑮
我想該回去了，但也有點不想回去的心情……
貓熊老師接下來呢？
⑯
我還有任務，必須教這個孩子心理學，讓他成為動物園的人氣明星。

⑰
我想和小波玩。
⑱
聽他這麼一說，就覺得不想回去了……
⑲
怎麼辦？
⑳
糟了！大事不妙了！
㉑
糟了！園長說動物們少子高齡化的情況越來越嚴重，動物園會不會面臨關閉的危機……
㉒
老師，這時候那個效應可以派上用場……
沒錯，就利用那個效應！
㉓
我立刻過去，交給我來辦！
㉔
小波的冒險似乎還沒結束。
接下來發生的危機是什麼？
不過，那又是另一個故事了……

結　語

人的心理非常複雜。然而，如果能了解心理學，就能了解人類行為原理及感情。能夠避免人際關係上的問題，有助於建立更良好的人際關係。了解心理學，應該能比你對心理學無所認知時，帶來更多的好處。

本書雖然說明主要的心理效應，其中仍有個人差異，相信也有些和自己不符合的部分吧？個人差異部分大的項目，我標示出「個人差異大」的符號。心理效應「大」，個人差異也「大」的情況，心理效應很強，可能符合每個人的狀況，但個人所反應出來的強弱則有差異。另外，若是心理效應「大」，個人差異「小」的情況，則是多數人符合，而個人反應強弱的差距較小。

另外，並不是所有效應都在學術上受到認可，也未必經由多次實驗證明，有些名稱也不是眾所周知。希望各位不要拘泥在「說中了」或「沒說中」，只要各位能了解這些心理傾向並善加運用，有助於各位建立圓融的人際關係，了解自我，就是我的榮幸。

Pawpaw Poroductio

貓熊老師

靈活運用心理學而大受歡迎的現代心理學研究者。其實是雜食動物，但在人前故意裝可愛而只吃竹葉。
在動物園裡持續研究心理學，提出龍宮效應、色彩重量錯覺、神之眼效應、大鈔效應等主張。

参考文獻

《自己と他者を認識する脳のサーキット》／浅場明莉著（2017年／共立出版）
《予想どおりに不合理》／ダン・アリエリー著　熊谷淳子 譯（2008年／早川書房）
《お金と感情と意思決定の白熱教室》／ダン・アリエリー著　NHK白熱教室制作チーム 譯（2014年／早川書房）
《経済は感情で動く　はじめての行動経済学》／マッテオ・モッテルリー二著　泉典子 譯（2008年／紀伊國屋書店）
《世界は感情で動く　行動経済学からみる脳のトラップ》／マッテオ・モッテルリー二著　泉典子 譯（2009年／紀伊國屋書店）
《ダニエル・カーネマン心理と経済を語る》／ダニエル・カーネマン他著　友野典男他譯　（2011年／楽工社）
《合理的選択》／イツァーク・ギルボア 著　松井彰彦 譯（2013年／みすず書房）
《色の秘密》／野村順一著（1994年／ネスコ、文藝春秋）
《デザインを科学する》／ポーポー・ポロダクション著（2009年／SBクリエイティブ）
《マンガでわかる人間関係の心理学》／ポーポー・ポロダクション著（2010年／SBクリエイティブ）
《マンガでわかる心理学》／ポーポー・ポロダクション著（2008年／SBクリエイティブ）
《赤ちゃんと脳科学》／小西行郎著（2003年／集英社）
《手にとるように発達心理学がわかる本》／小野寺敦子著（2009年／かんき出版）
《性格心理学がとってもよくわかる本》／瀧本孝雄著（2008年／東京書店）
《図解雑学　性格心理学》／清水弘司監修（2004年／ナツメ社）
《ネアンデルタールの悩み　進化心理学が明かす人類誕生の謎》／ウィリアム・オールマン著　堀端絵譯（1996年／青山出版社）
《色彩効用論（ガイアの色）》／野村順一著（1988年／住宅新報社）
《役立つ色彩》ルイス・チェスキン著　大智浩譯（1954年／白揚社）
《なぜ人は他者が気になるのか？》／永房典之編著（2008年／金子書房）
《教科書　社会心理学》小林裕・飛田操編著（2000年／北大路書房）

［論文］
「ポイント付与と値引きはどちらが効果的か？：マグニチュード効果を導入したプロモーション効果の推定」／中川宏道、星野崇宏

〈作者略歷〉

Pawpaw Poroduction

擅長企劃「優質有趣」的作品，藉由色彩心理學及認知心理學的專長，投入應用心理學的商品開發及擔任企業顧問等工作。著有《瞬間看穿人心的心理學 漫畫版》、《漫畫有趣的色彩心理學》、《戀愛心理學 漫畫版》、《大肚量快樂學》等眾多書籍。著作在中國、韓國、台灣、泰國都有譯本出版。

網址
http://www.paw-p.com

貓熊老師的心理學圖鑑

出　　版／楓書坊文化出版社
地　　址／新北市板橋區信義路163巷3號10樓
郵政劃撥／19907596 楓書坊文化出版社
網　　址／www.maplebook.com.tw
電　　話／02-2957-6096
傳　　真／02-2957-6435
作　　者／Pawpaw Poroduction
翻　　譯／卓惠娟
企劃編輯／陳依萱
校　　對／黃薇霓
總 經 銷／商流文化事業有限公司
地　　址／新北市中和區中正路752號8樓
網　　址／www.vdm.com.tw
電　　話／02-2228-8841
傳　　真／02-2228-6939
港澳經銷／泛華發行代理有限公司
定　　價／300元
初版日期／2019年1月

國家圖書館出版品預行編目資料

貓熊老師的心理學圖鑑 / Pawpaw Poroduction作；卓惠娟譯. -- 初版. -- 新北市：楓書坊文化, 2019.01
　面；　公分

ISBN 978-986-377-441-9（平裝）

1. 心理學

170　　107018891